CARTEA DE CATEGORIE DE SOS DE ROSII ESENTIAL

100 de creații savuroase pentru fiecare fel de paste și nu numai

Valentin Diaconu

Material cu drepturi de autor ©2024

Toate drepturile rezervate

Nicio parte a acestei cărți nu poate fi utilizată sau transmisă sub nicio formă sau prin orice mijloc fără acordul scris corespunzător al editorului și al proprietarului drepturilor de autor, cu excepția citatelor scurte utilizate într-o recenzie. Această carte nu trebuie considerată un substitut pentru sfaturi medicale, juridice sau alte sfaturi profesionale.

CUPRINS

- CUPRINS 3
- INTRODUCERE 6
- SOS DE ROSII IARD 7
  - 1. CHILE SALSA 8
  - 2. CREOL FIERBINTE SOS DE PIPER 10
  - 3. HARISSA 12
  - 4. FIERBINTE SOS PENTRU PASTE 14
  - 5. SALSA TOATE SOS AMATRICIANA 16
  - 6. SOS MEXICAN DE MITRALIERĂ 18
  - 7. SOS PICANT DE ROȘII ȘI ARDEI ROȘU 20
  - 8. SOS DE ROȘII SZECHUAN 22
  - 9. SOS DE ROȘII PRĂJITE 24
  - 10. SOS DE ROȘII HABANERO E 26
  - 11. SOS DE ROȘII PICANT THAILANDEZ 28
  - 12. SOS DE ROSII CAJUN 30
- SOS DE ROSII BBQ 32
  - 13. SOS GRATAR CU UNT DE MERE 33
  - 14. SOS DE GRATAR PENTRU AFUMATURI 35
  - 15. SOS DE ROSII BBQ PICANT 37
  - 16. SOS DE ROȘII BBQ CU PIERSICI 39
  - 17. SOS DE ROȘII BBQ MAPLE BOURBON E 41
  - 18. SOS DE ROȘII BBQ HONEY CHIPOTLE 43
  - 19. CAFEA BBQ SOS DE ROSII 45
  - 20. SOS DE ROȘII BBQ CU ANANAS JALAPENO 47
  - 21. SOS DE ROȘII BBQ COREEAN 49
- SALSA DE ROSII 51
  - 22. SALSA DE CHILE LA GRATAR 52
  - 23. SALSA DE ARBOL-AVOCADO 54
  - 24. SALSA LIMPEDE PICANTE CREEK 56
  - 25. SALSA ITALIANĂ 59
  - 26. SALSA DE ROSII JALAPENO 61
  - 27. SALSA DE ANANAS ȘI MANGO 63
  - 28. SALSA DE PORUMB ȘI FASOLE NEAGRĂ 65
  - 29. SALSA PICO DE GALLO 67
  - 30. SALSA DE ROȘII CU PEPENE VERDE 69
  - 31. SALSA DE ROȘII, AVOCADO, PORUMB 71
  - 32. SALSA MANGO HABANERO 73
  - 33. TOMATILLO SALSA VERDE 75
  - 34. SALSA CU ARDEI ROȘU PRĂJIT 77
- CHUTNEY DE ROSII 79

35. Gratar cu fructe chutney 80
36. Chutney de vinete și roșii 82
37. Chutney de roșii cu Chile 85
38. Chutney de porumb și roșii 88
39. Chutney picant de roșii verzi 90
40. Capsicum (ardei gras) și chutney de roșii 92
41. Chutney de schinduf și roșii 94
42. Busuioc și chutney de roșii uscate 96
43. Chutney de papaya dulce-acru 98

PESTO DE ROSII 100
44. Busuioc Pesto de roșii uscate 101
45. Sos pesto uscat la soare 103
46. Pesto de anghinare cu brânză 105
47. Pesto francez de brânză de capră 107
48. Feta și pesto de roșii uscate la soare 109
49. Pesto de rosii si ardei rosu prajit 111
50. Pesto picant de roșii și busuioc 113
51. Pesto de rosii, nuci 115
52. Pesto Rosso de rosii 117
53. Pesto de roșii și migdale 119
54. Pesto de roșii și caju 121
55. Pesto de roșii și fistic 123
56. Pesto de roșii și semințe de dovleac 125

SOS DE PASTE ROSII 127
57. Sos de bază pentru paste 128
58. Picant Sos pentru paste 130
59. Sos de paste citrice 132
60. Bere Sos pentru paste 134
61. Sos de paste Calcutta 136
62. Sos picant de roșii napolitan 138
63. Sos napolitan de rosii cu usturoi prajit 140
64. Sos balsamic de roșii napolitan 142
65. Sos Caprese de rosii 144
66. Sos de paste cu ciuperci și roșii 146
67. Sos pentru paste de roșii și măsline 148

SOS MARINARA DE ROSII 150
68. Sos Marinara gros 151
69. Sos Marinara de 30 de minute 153
70. Usturoi Marinara 155
71. Sos pentru Paste Marinara 157
72. Salsa Marinara 159
73. Marinara de roșii prăjite cu usturoi 161
74. Roșii ciuperci Marinara 163

75. Marinara de roșii cu ardei roșu 165
76. Marinara de roșii cu spanac 167

SOS ARRABBIATA DE ROSII 169
77. Sos Arrabbiata de rosii clasic 170
78. Sos Arrabbiata de rosii prajit 172
79. Sos picant de roșii Arrabbiata cu Pancetta 174
80. Sos Arrabbiata de rosii vegan 176
81. Sos cremos de roșii Arrabbiata 178
82. Sos Arrabbiata cu ardei roșu prăjit 180
83. Sos Arrabbiata de rosii uscate la soare 182
84. Sos Arrabbiata de ciuperci 184

SOS CREMA DE ROSII 186
85. Sos de cremă de roșii uscate la soare 187
86. Sos de cremă de roșii cu vodcă 189
87. Sos de crema de rosii cu usturoi prajit 191
88. Sos cremos de roșii cherry cu parmezan 193
89. Sos de cremă de roșii cu busuioc 195
90. Sos de cremă picant de roșii 197
91. Sos cremă de roșii cu ciuperci 199
92. Sos de crema de rosii cu spanac 201
93. Sos de cremă de roșii uscate și busuioc 203
94. Sos cremă de roșii și ardei roșu prăjit 205
95. Sos de cremă de roșii și brânză de capră 207
96. Sos de smântână de roșii și gorgonzola 209
97. Sos de crema de rosii Bacon 211
98. Sos de cremă de roșii cu ierburi 213
99. Sos de creveți de roșii 215
100. Cremă de roșii și spanac Alfredo 217

CONCLUZIE 219

INTRODUCERE

Bine ați venit la „Cartea de bucate pentru sos de roșii esențial", unde ne scufundăm în lumea bogată și aromată a sosului de roșii. Sosul de rosii este inima si sufletul nenumaratelor preparate, de la retete clasice de paste pana la tocanite savuroase si nu numai. În această carte de bucate, vă prezentăm 100 de creații savuroase care prezintă versatilitatea și deliciul sosului de roșii, oferind inspirație pentru fiecare masă și ocazie.

Sosul de roșii este mai mult decât un condiment - este o piatră de temelie culinară care formează baza a nenumărate feluri de mâncare din bucătăriile din întreaga lume. Indiferent dacă îl fierbeți la foc mic și încet pentru un ragù bogat și consistent, îl amestecați cu paste pentru o masă rapidă și satisfăcătoare sau îl folosiți ca bază pentru supe, caserole și pizza, sosul de roșii adaugă profunzime, aromă și vitalitate. la fiecare fel de mâncare pe care îl atinge. În această colecție, vă vom arăta cum să stăpâniți arta de a face sos de roșii de la zero și să o folosiți pentru a crea rețete delicioase care vă vor încânta papilele gustative.

Dar „Cartea de bucate pentru sos de roșii esențial" este mai mult decât o simplă colecție de rețete – este o sărbătoare a umilei roșii și a potențialului său culinar incredibil. Pe măsură ce explorați paginile acestei cărți de bucate, veți descoperi istoria și semnificația culturală a sosului de roșii, precum și sfaturi și tehnici pentru prepararea și utilizarea acestuia în gătit. Indiferent dacă sunteți un bucătar experimentat sau un bucătar începător, există ceva în această carte de bucate care să vă inspire și să vă entuziasmeze artistul culinar interior.

Așadar, fie că gătești pentru o cină de familie, găzduiești o cină sau pur și simplu îți dorești un castron reconfortant de paste, lasă „Cartea de bucate pentru sos de rosii esențial" să fie ghidul tău. De la rețete italiene clasice până la creații de inspirație globală, în această colecție există o rețetă de sos de roșii pentru fiecare gust și preferință. Pregătește-te să-ți îmbunătățești gătitul și să savurezi aromele bogate și savuroase ale sosului de roșii.

SOS DE ROSII IARD

1. Chile Salsa

INGREDIENTE:
- 6 roșii medii
- 2 ardei jalapeño
- 1 ceapa mica, tocata
- 2 catei de usturoi
- Suc de 1 lime
- 1/4 cană frunze de coriandru
- Sarat la gust

INSTRUCȚIUNI:
a) Preîncălziți grătarul în cuptor.
b) Pune roșiile și ardeii jalapeño pe o foaie de copt și se fierb timp de aproximativ 5 minute, până când coaja este carbonizată.
c) Scoatem din cuptor si lasam sa se raceasca putin.
d) Scoateți coaja de pe roșii și tulpinile ardeiului jalapeño.
e) Într-un blender sau robot de bucătărie, combinați roșiile, ardeii jalapeño, ceapa, usturoiul, sucul de lămâie, frunzele de coriandru și sarea.
f) Se amestecă până la omogenizare.
g) Transferați salsa într-un borcan sau un recipient ermetic și puneți-l la frigider.

2.creol Fierbinte Sos de piper

INGREDIENTE:
- 10 ardei habanero, tulpinile îndepărtate
- 2 catei de usturoi
- 1/2 cană oțet alb
- 2 linguri pasta de rosii
- 1 lingura boia
- 1 lingura miere
- 1 lingurita sare

INSTRUCȚIUNI:
a) Într-un blender sau robot de bucătărie, combinați ardeii habanero, usturoiul, oțetul alb, pasta de roșii, boia de ardei, mierea și sarea.
b) Se amestecă până la omogenizare.
c) Transferați sosul într-o cratiță și aduceți la fiert la foc mediu.
d) Gatiti aproximativ 10 minute, amestecand din cand in cand.
e) Se ia de pe foc si se lasa sosul sa se raceasca.
f) După ce s-a răcit, transferați sosul într-un borcan sau într-un recipient ermetic și puneți-l la frigider.

3. Harissa

INGREDIENTE:
- 6 ardei iute uscati (cum ar fi ancho sau guajillo), tulpinile și semințele îndepărtate
- 2 catei de usturoi
- 2 linguri ulei de masline
- 1 lingura pasta de rosii
- 1 lingura chimen macinat
- 1 lingurita coriandru macinat
- 1 linguriță de seminţe de chimen măcinate
- 1/2 lingurita de scortisoara macinata
- 1/2 lingurita sare

INSTRUCȚIUNI:
a) Puneți ardeii iute uscati într-un castron și acoperiți cu apă clocotită.
b) Lăsați ardeii la macerat aproximativ 15 minute până se înmoaie.
c) Scurgeți ardeii și transferați-i într-un blender sau robot de bucătărie.
d) Adăugați usturoiul, uleiul de măsline, pasta de roșii, chimenul, coriandru, seminţe de chimen, scorţişoară şi sare.
e) Se amestecă până la omogenizare.
f) Transferați sosul într-un borcan sau un recipient ermetic și puneți-l la frigider.

4.Fierbinte Sos pentru paste

INGREDIENTE:
- 2 linguri ulei de masline
- 1 ceapa, tocata marunt
- 2 catei de usturoi, tocati
- 1/2 cană sos iute la alegere
- 1 conserve (28 uncii) de roșii zdrobite
- 1 lingurita busuioc uscat
- 1 lingurita oregano uscat
- 1/2 lingurita zahar
- Sare si piper negru dupa gust

INSTRUCȚIUNI:
a) Într-o cratiță mare, încălziți uleiul de măsline la foc mediu.
b) Se adauga ceapa tocata si usturoiul tocat si se calesc pana ce ceapa este translucida si usturoiul este parfumat.
c) Se amestecă sosul iute și se fierbe timp de 1 minut.
d) Adăugați roșiile zdrobite, busuioc uscat, oregano uscat, zahăr, sare și piper negru.
e) Aduceți sosul la fiert și lăsați-l să fiarbă aproximativ 20 de minute, amestecând din când în când.
f) Se ia de pe foc si se lasa sosul sa se raceasca.
g) După ce s-a răcit, transferați sosul într-un borcan sau într-un recipient ermetic și dați-l la frigider.

5.Salsa toate Sos Amatriciana

INGREDIENTE:
- 1/4 cană ulei de măsline
- 1 ceapa, tocata marunt
- 4 felii de panceta, tocate
- 2 catei de usturoi, tocati
- 1 lingurita fulgi de ardei rosu
- 1 conserve (14 uncii) de roșii zdrobite
- 1/2 lingurita sare
- 1/4 lingurita piper negru

INSTRUCȚIUNI:
a) Într-o cratiță, încălziți uleiul de măsline la foc mediu.
b) Adăugați ceapa tocată și pancetta și gătiți până când ceapa este translucidă și pancetta este crocantă.
c) Se amestecă usturoiul tocat și fulgii de ardei roșu și se fierbe încă un minut.
d) Adăugați roșiile zdrobite, sare și piper negru.
e) Aduceți sosul la fiert și lăsați-l să fiarbă aproximativ 15 minute, amestecând din când în când.
f) Se ia de pe foc si se lasa sosul sa se raceasca.
g) După ce s-a răcit, transferați sosul într-un borcan sau într-un recipient ermetic și dați-l la frigider.

6.Sos mexican de mitralieră

INGREDIENTE:
- 2 linguri de unt
- 1 (6 uncii) cutie de pastă de tomate
- 21 de cani de otet alb distilat
- ½ cană miere
- ½ linguriță pudră de muștar
- 3 linguri condimente uscate pentru nacho
- 41 de linguri praf de curry fierbinte
- 2 linguri amestec de condimente pentru taco
- 2 linguri busuioc
- 2 linguri piper negru
- 2 linguri sare de mare/sare kosher

INSTRUCȚIUNI:
a) Într-o cratiță mare, amestecați ingredientele.
b) Aduceți amestecul la fierbere, apoi reduceți focul la mic și fierbeți timp de 10 minute. Se răcește înainte de servire.

7.Sos picant de roșii și ardei roșu

INGREDIENTE:
- 2 ardei grasi rosii
- 2 linguri ulei de masline
- 1 ceapă, tăiată cubulețe
- 3 catei de usturoi, tocati
- 28 oz (800 g) conserve de roșii tăiate cubulețe
- 1 lingurita fulgi de ardei rosu (ajustati dupa gust)
- Sare si piper dupa gust

INSTRUCȚIUNI:
a) Preîncălziți cuptorul la 400°F (200°C). Așezați ardeii gras roșii pe o foaie de copt și prăjiți la cuptor până se carbonizează, aproximativ 25-30 de minute. Scoatem din cuptor si lasam sa se raceasca putin.
b) Odată ce s-a răcit, decojește pielea ardeii roșii prăjiți, îndepărtați semințele și tăiați-i cubulețe.
c) Într-o tigaie mare, încălziți uleiul de măsline la foc mediu. Adăugați ceapa tăiată cubulețe și usturoiul tocat. Se caleste pana se inmoaie, aproximativ 5 minute.
d) Adăugați roșiile tăiate cubulețe, ardeii roșii prăjiți și fulgii de ardei roșu în tigaie. Se condimenteaza cu sare si piper dupa gust.
e) Fierbeți sosul aproximativ 15-20 de minute, până când aromele se îmbină.
f) Serviți sosul picant de roșii și ardei roșu peste paste fierte sau folosiți după cum doriți.

8.Sos de roșii Szechuan

INGREDIENTE:
- 2 linguri ulei de susan
- 3 catei de usturoi, tocati
- 1 lingura de ghimbir proaspat, tocat
- 28 oz (800 g) conserve de roșii tăiate cubulețe
- 2 linguri sos de soia
- 1 lingura otet de orez
- 1 lingura zahar brun
- 1 lingurita boabe de piper de Szechuan, zdrobite
- 1-2 linguri de pasta de chili (adaptati dupa gust)
- Sarat la gust

INSTRUCȚIUNI:
a) Într-o tigaie mare sau wok, încălziți uleiul de susan la foc mediu. Adăugați usturoiul tocat și ghimbirul. Se caleste timp de 1-2 minute pana se parfumeaza.
b) Adăugați conservele de roșii tăiate cubulețe, sosul de soia, oțetul de orez, zahărul brun, boabele de piper Szechuan zdrobite și pasta de chili în tigaie. Se amestecă pentru a combina.
c) Aduceți sosul la fiert și gătiți aproximativ 15-20 de minute, amestecând din când în când, până se îngroașă.
d) Gustați și ajustați condimentele cu sare după cum este necesar.
e) Servește sosul de roșii Szechuan cu mâncărurile tale preferate prăjite sau peste orez.

9.Sos de roșii prăjite

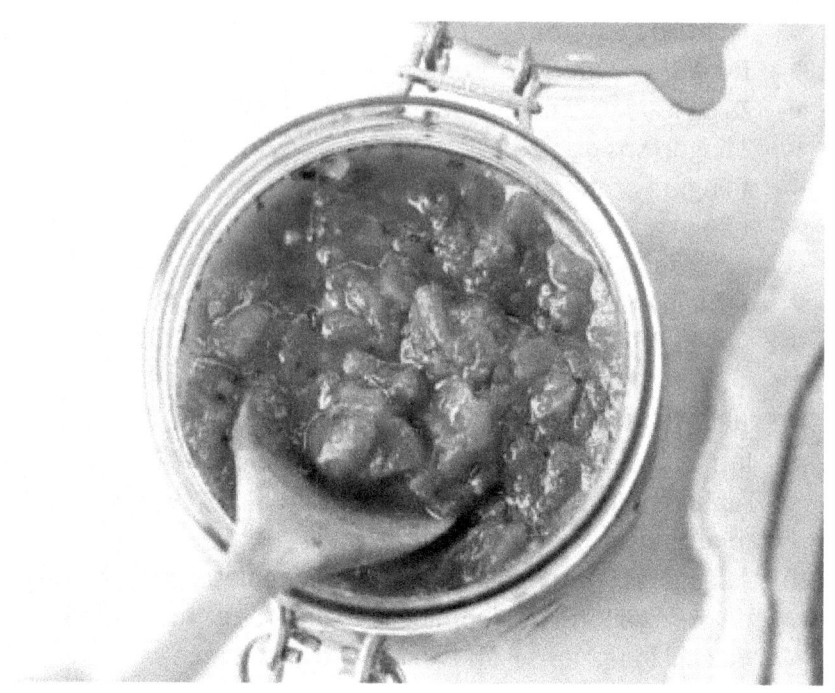

INGREDIENTE:
- 1 lb (450 g) roșii coapte, tăiate la jumătate
- 1 ceapă, tăiată în sferturi
- 4 catei de usturoi, curatati de coaja
- 2 ardei chipotle in sos adobo
- 1 lingurita boia afumata
- 1 lingurita chimen macinat
- Sare si piper dupa gust

INSTRUCȚIUNI:
a) Preîncălziți cuptorul la 400°F (200°C). Pune roșiile tăiate în jumătate, sferturile de ceapă și cățeii de usturoi pe o tavă de copt.
b) Se coace la cuptor aproximativ 25-30 de minute, pana cand legumele se caramelizeaza si se inmoaie.
c) Transferați legumele prăjite într-un blender sau robot de bucătărie. Adăugați ardeii chipotle, boia de ardei afumată și chimen măcinat.
d) Mixați până la omogenizare, adăugând puțină apă dacă este necesar pentru a obține consistența dorită.
e) Asezonați sosul de roșii prăjit în foc cu sare și piper, după gust.
f) Servește sosul peste carne la grătar, paste sau folosește-l ca sos pentru aperitive.

10.Sos de roșii Habanero e

INGREDIENTE:
- 2 linguri ulei vegetal
- 2 ardei habanero, tocați mărunt (semințele îndepărtate pentru mai puțină căldură)
- 4 catei de usturoi, tocati
- 28 oz (800 g) conserve de roșii tăiate cubulețe
- 1 lingurita chimen macinat
- 1 lingurita boia
- Sare si piper dupa gust
- Coriandru proaspăt, tocat (opțional)

INSTRUCȚIUNI:
a) Într-o tigaie, încălziți uleiul vegetal la foc mediu. Adăugați ardeii habanero tocați și usturoiul tocat. Se caleste timp de 1-2 minute pana se parfumeaza.
b) Adăugați conservele de roșii tăiate cubulețe în tigaie. Se amestecă chimenul măcinat și boia de ardei. Se condimenteaza cu sare si piper dupa gust.
c) Fierbeți sosul timp de aproximativ 10-15 minute, permițând aromelor să se îmbine.
d) Servește sosul de roșii habanero cu mâncărurile tale preferate, cum ar fi tacos, pui la grătar sau orez. Ornați cu coriandru proaspăt tocat dacă doriți.

11.Sos de roșii picant thailandez

INGREDIENTE:
- 2 linguri ulei vegetal
- 2 catei de usturoi, tocati
- 1 lingura pasta de curry rosu
- 1 cutie (14 oz) lapte de cocos
- 1 cană de roșii tăiate cubulețe la conserva
- 1 lingura sos de peste
- 1 lingura suc de lamaie
- 1 lingurita zahar brun
- Sarat la gust
- Frunze de coriandru proaspete, tocate (optional)

INSTRUCȚIUNI:
a) Într-o cratiță, încălziți uleiul vegetal la foc mediu. Adăugați usturoiul tocat și pasta de curry roșu. Se caleste timp de 1-2 minute pana se parfumeaza.
b) Se toarnă laptele de cocos și se amestecă roșiile tăiate cubulețe din conserva.
c) Adăugați în cratiță sosul de pește, sucul de lămâie și zahărul brun. Asezonați cu sare după gust.
d) Fierbeți sosul aproximativ 10-15 minute, lăsându-l să se îngroașe ușor.
e) Servește sosul de roșii picant thailandez cu orez, tăiței sau mâncărurile tale preferate thailandeze. Ornați cu frunze de coriandru proaspăt tocate, dacă doriți.

12.Sos de rosii cajun

INGREDIENTE:
- 2 linguri de unt
- 1 ceapă, tăiată cubulețe
- 1 ardei gras, taiat cubulete
- 2 tulpini de telina, taiate cubulete
- 3 catei de usturoi, tocati
- 1 conserve (14 oz) de roșii zdrobite
- 1 lingurita condiment cajun
- 1/2 lingurita de cimbru uscat
- 1/2 lingurita oregano uscat
- Sare si piper dupa gust
- Pătrunjel proaspăt, tocat (opțional)

INSTRUCȚIUNI:
a) Într-o tigaie, topește untul la foc mediu. Adăugați ceapa tăiată cubulețe, ardeiul gras și țelina. Se caleste pana se inmoaie, aproximativ 5-7 minute.
b) Adăugați usturoiul tocat în tigaie și gătiți încă 1-2 minute.
c) Se amestecă roșiile zdrobite, condimentele cajun, cimbru uscat și oregano uscat.
d) Se condimenteaza cu sare si piper dupa gust. Fierbeți sosul aproximativ 10-15 minute, amestecând din când în cănd.
e) Servește sosul de roșii Cajun peste paste fierte, orez sau folosește-l ca sos de scufundare. Decorați cu pătrunjel proaspăt tocat dacă doriți.

SOS DE ROSII BBQ

13. Sos gratar cu unt de mere

INGREDIENTE:
- 1 conserve Sos de rosii
- ½ cană unt de mere
- 1 lingură sos Worcestershire

INSTRUCȚIUNI:
a)   Amesteca totul.

14.Sos de gratar pentru afumaturi

INGREDIENTE:
- 1 fiecare cutie de 10 oz de supă de roșii
- ¼ de cană de condiment dulce de murături
- 1 lingură sos Worcestershire
- ¼ cană ceapă, tăiată mărunt
- 1 lingura de otet
- 1 lingura zahar brun

INSTRUCȚIUNI:
a) Se amestecă toate ingredientele și se toarnă peste 1 kilogram de fumuri și se fierbe în fierbător.
b) Puteți folosi 1 kilogram de hot dog tăiați în bucăți în loc de fumuri.

15. Sos de rosii BBQ picant

INGREDIENTE:
- 1 cană de ketchup
- 1/4 cana otet de mere
- 1/4 cană miere
- 2 linguri de melasa
- 1 lingură muștar de Dijon
- 1 lingura sos iute (se pot ajusta dupa gust)
- 1 lingurita boia afumata
- 1/2 lingurita praf de usturoi
- Sare si piper dupa gust

INSTRUCȚIUNI:
a) Într-o cratiță, combinați toate ingredientele la foc mediu.
b) Se amestecă bine pentru a se combina și se aduce la foc mic.
c) Reduceți focul la mic și lăsați sosul să fiarbă 10-15 minute, amestecând din când în când, până se îngroașă ușor.
d) Ajustați condimentul după gust cu sare și piper.
e) Se ia de pe foc si se lasa sa se raceasca inainte de utilizare. Păstrați resturile într-un recipient ermetic la frigider.

16.Sos de roșii BBQ cu piersici

INGREDIENTE:
- 1 cană de ketchup
- 1/2 cană conserve de piersici
- 1/4 cana otet de mere
- 2 linguri sos Worcestershire
- 1 lingură muştar de Dijon
- 1 lingurita boia afumata
- 1/2 lingurita praf de usturoi
- Sare si piper dupa gust

INSTRUCŢIUNI:
a) Într-o cratiţă, combinaţi toate ingredientele la foc mediu.
b) Se amestecă bine pentru a se combina şi se aduce la foc mic.
c) Reduceţi focul la mic şi lăsaţi sosul să fiarbă 10-15 minute, amestecând din când în când, până se îngroaşă uşor.
d) Ajustaţi condimentul după gust cu sare şi piper.
e) Se ia de pe foc si se lasa sa se raceasca inainte de utilizare. Păstraţi resturile într-un recipient ermetic la frigider.

17.Sos de roşii BBQ Maple Bourbon e

INGREDIENTE:
- 1 cană de ketchup
- 1/4 cană sirop de arțar
- 1/4 cană bourbon
- 2 linguri otet de mere
- 1 lingură sos Worcestershire
- 1 lingură muștar de Dijon
- 1 lingurita boia afumata
- 1/2 lingurita praf de usturoi
- Sare si piper dupa gust

INSTRUCȚIUNI:
a) Într-o cratiță, combinați toate ingredientele la foc mediu.
b) Se amestecă bine pentru a se combina și se aduce la foc mic.
c) Reduceți focul la mic și lăsați sosul să fiarbă 10-15 minute, amestecând din când în când, până se îngroașă ușor.
d) Ajustați condimentul după gust cu sare și piper.
e) Se ia de pe foc si se lasa sa se raceasca inainte de utilizare. Păstrați resturile într-un recipient ermetic la frigider.

18.Sos de roșii BBQ Honey Chipotle

INGREDIENTE:
- 1 cană de ketchup
- 1/4 cană miere
- 2 ardei chipotle in sos adobo, tocati
- 2 linguri otet de mere
- 1 lingură sos Worcestershire
- 1 lingură muștar de Dijon
- 1 lingurita boia afumata
- 1/2 lingurita praf de usturoi
- Sare si piper dupa gust

INSTRUCȚIUNI:
a) Într-o cratiță, combinați toate ingredientele la foc mediu.
b) Se amestecă bine pentru a se combina și se aduce la foc mic.
c) Reduceți focul la mic și lăsați sosul să fiarbă 10-15 minute, amestecând din când în când, până se îngroașă ușor.
d) Ajustați condimentul după gust cu sare și piper.
e) Se ia de pe foc si se lasa sa se raceasca inainte de utilizare. Păstrați resturile într-un recipient ermetic la frigider.

19. Cafea BBQ Sos de rosii

INGREDIENTE:
- 1 cană de ketchup
- 1/4 cană cafea preparată
- 2 linguri otet de mere
- 2 linguri de zahar brun
- 1 lingură sos Worcestershire
- 1 lingură muștar de Dijon
- 1 lingurita boia afumata
- 1/2 lingurita praf de usturoi
- Sare si piper dupa gust

INSTRUCȚIUNI:
a) Într-o cratiță, combinați toate ingredientele la foc mediu.
b) Se amestecă bine pentru a se combina și se aduce la foc mic.
c) Reduceți focul la mic și lăsați sosul să fiarbă 10-15 minute, amestecând din când în când, până se îngroașă ușor.
d) Ajustați condimentul după gust cu sare și piper.
e) Se ia de pe foc si se lasa sa se raceasca inainte de utilizare. Păstrați resturile într-un recipient ermetic la frigider.

20.Sos de roșii BBQ cu ananas Jalapeno

INGREDIENTE:
- 1 cană de ketchup
- 1/4 cană suc de ananas
- 1 ardei jalapeno, fără semințe și tocat
- 2 linguri otet de mere
- 2 linguri de zahar brun
- 1 lingură sos Worcestershire
- 1 lingură muștar de Dijon
- 1 lingurita boia afumata
- 1/2 lingurita praf de usturoi
- Sare si piper dupa gust

INSTRUCȚIUNI:
a) Într-o cratiță, combinați toate ingredientele la foc mediu.
b) Se amestecă bine pentru a se combina și se aduce la foc mic.
c) Reduceți focul la mic și lăsați sosul să fiarbă 10-15 minute, amestecând din când în când, până se îngroașă ușor.
d) Ajustați condimentul după gust cu sare și piper.
e) Se ia de pe foc si se lasa sa se raceasca inainte de utilizare. Păstrați resturile într-un recipient ermetic la frigider.

21.Sos de roșii BBQ coreean

INGREDIENTE:
- 1 cană de ketchup
- 1/4 cană sos de soia
- 2 linguri otet de orez
- 2 linguri de zahar brun
- 1 lingura ulei de susan
- 1 lingura ghimbir tocat
- 2 catei de usturoi, tocati
- 1 lingurita gochujang (pasta coreeana de chili)
- Sare si piper dupa gust

INSTRUCȚIUNI:
a) Într-o cratiță, combinați toate ingredientele la foc mediu.
b) Se amestecă bine pentru a se combina și se aduce la foc mic.
c) Reduceți focul la mic și lăsați sosul să fiarbă 10-15 minute, amestecând din când în când, până se îngroașă ușor.
d) Ajustați condimentul după gust cu sare și piper.
e) Se ia de pe foc si se lasa sa se raceasca inainte de utilizare. Păstrați resturile într-un recipient ermetic la frigider.

SALSA DE ROSII

22.Salsa de chile la gratar

INGREDIENTE:
- 3 roșii mari, tăiate cubulețe
- 1 ceapă, curățată și tăiată cubulețe
- ⅓ cană coriandru proaspăt, tăiat cubulețe
- 3 linguri suc proaspăt de lămâie
- 2 ardei Poblano, la gratar si taiati cubulete
- 1 lingurita usturoi tocat

INSTRUCȚIUNI:
Prăjirea ardeilor Poblano îi conferă o aromă plăcută de afumat.
Amesteca toate ingredientele intr-un vas si asezoneaza cu sare si piper dupa gust.
Dați la frigider timp de 1 oră pentru a amesteca aromele. Serviți cu preparatul dvs. Tex-Mex preferat.

23. Salsa de arbol-avocado

INGREDIENTE:
- ½ kilograme de roșii romi italiene
- ¾ de kilograme Tomatillos, decojite
- ⅓ cană (12 până la 15) ardei iute Arbol
- ½ legătură Coriandru
- 1 ceapă albă moderată, tăiată cubulețe
- 2 linguri chimen macinat
- 4 catei de usturoi, macinati
- 2 căni de apă
- 1 lingurita Sare
- ½ linguriță piper negru proaspăt măcinat
- 1 avocado

INSTRUCȚIUNI:
a) Încălziți grătarul Blackstone. Așezați roșiile și tomatele pe o tavă de copt. Grătar, rotind ocazional, până se prăjesc peste tot, 10 până la 12 minute
b) Mutați într-o tigaie împreună cu ingredientele rămase .
c) Aduceți amestecul la fiert și gătiți până când ceapa este moale, 12 până la 15 minute. Se mută într-un robot de bucătărie sau un mixer. Se face piure și apoi se strecoară.
d) Se servește la temperatura camerei sau ușor răcită. Arbol salsa poate fi păstrată la frigider 3 până la 5 zile sau congelată săptămâni.
e) Chiar înainte de porție, amestecați avocado

24.Salsa limpede picante creek

INGREDIENTE:
- 1 lingura ulei de masline
- 1 ceapă mică, tocată
- 5 catei de usturoi fiecare, tocati
- 3 roșii fiecare, decojite
- 1 ardei proaspăt ancho chile fiecare
- 1 fiecare ardei gras galben
- 4 uncii pot de ardei iute verzi tăiați cubulețe
- 1 lingurita sare
- ¼ linguriță de chimen măcinat
- 1 lingura praf de usturoi
- 3 linguri otet balsamic
- 3 linguri suc de lamaie
- 1 lingura coriandru uscat
- 1 lingură ulei de măsline
- 1 ceapă mică, tocată
- 5 catei de usturoi, tocati
- 3 roșii, curățate, fără semințe, tăiate cubulețe grosiere
- 1 ardei proaspăt ancho chile, fără semințe și tocat
- 1 ardei gras galben, fără sămânță și tocat
- Cutie de 4 oz de ardei iute verzi tăiate cubulețe
- 1 linguriță sare
- ¼ de linguriță de chimion măcinat
- 1 lingură pudră de usturoi
- 3 linguri otet balsamic
- 3 linguri suc de lamaie
- 1 lingură coriandru uscat

INSTRUCȚIUNI:

a) Se caleste ceapa si usturoiul in ulei de masline la foc moderat pana se inmoaie

b) Adăugați ingredientele rămase, cu excepția amestecului de coriandru, apoi verificați dacă există sare. Adăugați mai mult dacă doriți. Reduceți căldura la mic, acoperiți cu capac și fierbeți timp de 30 de minute.

c) Scoateți Acoperiți cu capac și fierbeți încă 30 de minute sau până se îngroașă.

d) Se ia de pe foc și se adaugă coriandru și se amestecă. Se răceşte salsa peste noapte înainte de utilizare. Se servește ca o baie pentru chipsuri sau ca topping picant pe mâncarea ta preferată mexicană sau Tex-Mex

25. salsa italiană

INGREDIENTE:
- Migdale
- 1 ardei gras rosu mare
- 12 frunze mari de busuioc
- 1 cățel mare de usturoi
- 1 chili Jalapeno, tăiat la jumătate și fără semințe
- 4 roșii uscate la soare umplute cu ulei
- ¼ ceapă roșie mare
- ¼ cană ulei de măsline
- 1 lingura otet balsamic*SAU
- 2 linguri otet de vin rosu si praf de zahar
- 1 lingura otet de vin rosu
- ½ linguriță Sare
- 2 roșii mari
- 10 măsline Kalamata
- Frunze de busuioc proaspăt

INSTRUCȚIUNI:
a) Încălziți grătarul Blackstone. Tăiați ardeiul gras pe lungime în 4 bucăți, aruncând miezul și semințele.
b) Aranjați într-un singur strat pe o foaie de copt tapetată cu folie, cu pielea în sus.
c) Grătiți la 6 inci de sursa de căldură până când pielea este înnegrită.
d) Scoateți de pe grătar și înveliți bine în folie.
e) Lăsați să se odihnească cel puțin 10 minute. Scoateți pielea; tăiați ardeiul în cubulețe de ½ inch.
f) Cuțit de oțel: Puneți 12 frunze de busuioc într-un vas de lucru uscat. Cu mașina în funcțiune, aruncați usturoiul și ardeiul iute prin tubul de alimentare și procesați până când sunt tocate.
g) Se adaugă roșiile uscate și ceapa și se toacă grosier folosind mai multe rânduri pornit/oprit. Adăugați ulei de măsline, atât oțet, cât și sare și procesați până se amestecă, aproximativ 5 secunde.
h) Mutați conținutul vasului de lucru într-un vas mare de amestecare. Adăugați ardei gras, roșii și măsline și amestecați ușor.

26. Salsa de rosii Jalapeno

INGREDIENTE:
- 3 roșii
- 1 ardei gras verde
- 3 linguri de ardei Jalapeno
- ¼ c. ceapă
- ¼ Lămâie

INSTRUCȚIUNI:
a) Se amestecă ingredientele tăiate cubulețe într-un vas. Adăugați sucul de lămâie și pulpa și amestecați bine.
b) Se da la frigider inainte de portie.
c) Serviți cu chipsuri tortilla crocante, pe bucăți de țelină sau alte legume crude, ca sos în tacos sau ori de câte ori se dorește o salsa picant.

27.Salsa de ananas și mango

INGREDIENTE:
- 1 cană de roșii tăiate cubulețe
- 1/2 cană de ananas tăiat cubulețe
- 1/2 cană mango tăiat cubulețe
- 1/4 cana ceapa rosie tocata marunt
- 1/4 cană coriandru proaspăt tocat
- Suc de 1 lime
- Sare si piper dupa gust

INSTRUCȚIUNI:
a) Într-un castron, combinați roșiile tăiate cubulețe, ananasul, mango, ceapa roșie și coriandru.
b) Stoarceți sucul de lămâie peste salsa și amestecați pentru a se combina.
c) Se condimenteaza cu sare si piper dupa gust.
d) Lăsați salsa să stea aproximativ 10-15 minute pentru a permite aromelor să se îmbine.
e) Serviți cu chipsuri tortilla sau ca topping pentru pui sau pește la grătar.

28.Salsa de porumb și fasole neagră

INGREDIENTE:
- 1 cană roșii tăiate cubulețe
- 1 cană de fasole neagră conservată, clătită și scursă
- 1 cană boabe de porumb fierte (proaspete sau congelate)
- 1/4 cană ceapă roșie tăiată cubulețe
- 1/4 cană coriandru proaspăt tocat
- Suc de 1 lime
- 1/2 lingurita de chimen macinat
- Sare si piper dupa gust

INSTRUCȚIUNI:
a) Într-un castron, combinați roșiile tăiate cubulețe, fasolea neagră, porumbul, ceapa roșie și coriandru.
b) Stoarceți sucul de lămâie peste salsa și stropiți cu chimen măcinat.
c) Se condimenteaza cu sare si piper dupa gust.
d) Se amestecă bine pentru a se combina.
e) Lăsați salsa să stea aproximativ 10-15 minute înainte de servire pentru a permite aromelor să se îmbine.
f) Savurați cu chipsuri tortilla sau ca topping pentru tacos sau quesadilla.

29. Salsa Pico de Gallo

INGREDIENTE:
- 2 cani de rosii taiate cubulete
- 1/2 cană ceapă roșie tăiată cubulețe
- 1/4 cană coriandru proaspăt tocat
- 2 linguri de jalapeno tăiat cubulețe (semințele îndepărtate pentru mai puțină căldură)
- Suc de 1 lime
- Sarat la gust

INSTRUCȚIUNI:
a) Într-un castron, combinați roșiile tăiate cubulețe, ceapa roșie, coriandru și jalapeno.
b) Stoarceți sucul de lămâie peste salsa.
c) Se condimentează cu sare după gust și se amestecă bine pentru a se combina.
d) Lăsați salsa să stea aproximativ 10-15 minute înainte de servire pentru a permite aromelor să se îmbine.
e) Serviți ca topping pentru tacos, carne la grătar sau alături de chipsuri.

30.Salsa de roșii cu pepene verde

INGREDIENTE:
- 1 cană de roșii tăiate cubulețe
- 1 cană de pepene verde tăiat cubulețe fără semințe
- 1/4 cană ceapă roșie tăiată cubulețe
- 1/4 cana frunze de menta proaspata tocate
- Suc de 1 lime
- Sare si piper dupa gust

INSTRUCȚIUNI:
a) Într-un castron, combinați roșiile tăiate cubulețe, pepenele verde, ceapa roșie și frunzele de mentă.
b) Stoarceți sucul de lămâie peste salsa.
c) Se condimenteaza cu sare si piper dupa gust.
d) Se amestecă ușor pentru a combina toate ingredientele.
e) Lăsați salsa să stea aproximativ 10-15 minute înainte de servire pentru a permite aromelor să se îmbine.
f) Serviți rece ca garnitură răcoritoare sau ca topping pentru pește sau creveți la grătar.

31. Salsa de roșii, avocado, porumb

INGREDIENTE:
- 1 cană de roșii tăiate cubulețe
- 1 cană boabe de porumb fierte (proaspete sau congelate)
- 1 avocado copt, tăiat cubulețe
- 1/4 cana ceapa rosie tocata marunt
- 1/4 cană coriandru proaspăt tocat
- Suc de 1 lime
- Sare si piper dupa gust

INSTRUCȚIUNI:
a) Într-un castron, combinați roșiile tăiate cubulețe, boabele de porumb, avocado tăiat cubulețe, ceapa roșie și coriandru.
b) Stoarceți sucul de lămâie peste salsa.
c) Se condimenteaza cu sare si piper dupa gust.
d) Se amestecă ușor pentru a combina toate ingredientele.
e) Lăsați salsa să stea aproximativ 10-15 minute înainte de servire pentru a permite aromelor să se îmbine.
f) Serviți cu chipsuri tortilla sau ca topping pentru tacos sau pui la grătar.

32.Salsa Mango Habanero

INGREDIENTE:
- 1 cană de roșii tăiate cubulețe
- 1 cană de mango tăiat cubulețe
- 1 ardei habanero, fără semințe și tocat
- 1/4 cană ceapă roșie tăiată cubulețe
- 1/4 cană coriandru proaspăt tocat
- Suc de 1 lime
- Sarat la gust

INSTRUCȚIUNI:
a) Într-un castron, combinați roșiile tăiate cubulețe, mango tăiat cubulețe, ardeiul habanero tocat, ceapa roșie și coriandru.
b) Stoarceți sucul de lămâie peste salsa.
c) Asezonați cu sare după gust.
d) Se amestecă bine pentru a combina toate ingredientele.
e) Lăsați salsa să stea aproximativ 10-15 minute înainte de servire pentru a permite aromelor să se îmbine.
f) Serviți cu pește la grătar, creveți sau ca topping pentru tacos.

33. Tomatillo Salsa Verde

INGREDIENTE:
- 1 lb (450 g) tomatillo, coji îndepărtate și clătite
- 1 ardei jalapeno, tăiat în jumătate și fără semințe
- 1/2 cană ceapă tocată
- 2 catei de usturoi
- 1/4 cană coriandru proaspăt tocat
- Suc de 1 lime
- Sarat la gust

INSTRUCȚIUNI:
a) Preîncălziți grătarul în cuptor.
b) Puneți tomatillo și jumătate de ardei jalapeno pe o tavă de copt.
c) Se fierb timp de 5-7 minute, răsucindu-se la jumătate, până când se carbonizează și se înmoaie.
d) Transferați tomatele la grătar și ardeiul jalapeno într-un blender sau robot de bucătărie.
e) Adăugați ceapa tocată, usturoiul, coriandru și sucul de lămâie în blender.
f) Se amestecă până la omogenizare.
g) Se condimenteaza cu sare dupa gust si se ajusteaza consistenta daca este necesar adaugand putina apa.
h) Serviți salsa verde de tomatillo cu chipsuri, tacos sau carne la grătar.

34.Salsa cu ardei roșu prăjit

INGREDIENTE:
- 1 cană roșii tăiate cubulețe
- 1 cană ardei roșu copți cubulețe
- 1/4 cana ceapa rosie tocata marunt
- 2 linguri patrunjel proaspat tocat
- Suc de 1 lămâie
- Sare si piper dupa gust

INSTRUCȚIUNI:
a) Într-un castron, combinați roșiile tăiate cubulețe, ardeii roșii copți tăiați cubulețe, ceapa roșie și pătrunjelul.
b) Stoarceți sucul de lămâie peste salsa.
c) Se condimenteaza cu sare si piper dupa gust.
d) Se amestecă bine pentru a combina toate ingredientele.
e) Lăsați salsa să stea aproximativ 10-15 minute înainte de servire pentru a permite aromelor să se îmbine.
f) Serviți ca topping pentru pui la grătar, pește sau ca o baie cu chipsuri tortilla.

CHUTNEY DE ROSII

35.Gratar cu fructe chutney

INGREDIENTE:
- 16 eșalote mici
- 1¼ cană vin alb sec
- 4 moderate s Caise
- 2 piersici mari
- 2 roșii prune întregi
- 12 Prune întregi
- 2 catei de usturoi moderati
- 2 linguri Sos de soia cu conținut scăzut de sodiu
- ½ cană zahăr brun închis
- ¼ linguriță fulgi de ardei roșu

INSTRUCȚIUNI:

a) Într-o cratiță mică, amestecați eșalota și vinul; aduceți la fierbere la foc mare.

b) Reduceți căldura la moderat scăzut și lăsați să fiarbă, se acoperă cu un capac , până când șoapele sunt fragede, 15 până la 20 de minute

c) Amestecați ingredientele rămase într-o cratiță mare, adăugați eșalota și vinul și aduceți la fierbere la foc mare. Reduceți focul la moderat ; gătiți până când fructele s-au destrămat, dar sunt încă oarecum aglomerate, 10 până la 15 minute. Lăsați să se răcească.

d) Mișcare fracțiune din sos într-un robot de bucătărie și piure.Folosiți-o ca saramură.

36.Chutney de vinete și roșii

INGREDIENTE:
- 1,5 kg de ou copt sau roșii coapte în viță de vie
- 1 ½ linguriță de semințe de fenicul
- 1 ½ linguriță de semințe de chimen
- 1 ½ linguriță de semințe de muștar brun
- ¼ cană de ulei de măsline extravirgin
- 2 cepe roșii, tocate mărunt
- 2 catei de usturoi, tocati marunt
- 2 ardei iute roșii, fără semințe și tăiați mărunt
- 2 lingurite de frunze de cimbru
- 450 g vinete, tăiate în bucăți de 1 cm
- 3 mere Granny Smith, curățate de coajă, fără miez și tăiate în bucăți de 1 cm
- 1 cană de oțet de vin roșu
- 1 cană de zahăr brun ambalat ferm

INSTRUCȚIUNI:
a) Faceți o mică incizie în formă de cruce la baza fiecărei roșii, apoi le puneți la fiert în trei reprize separate într-o oală cu apă clocotită timp de aproximativ 30 de secunde sau până când coaja încep să se desprindă. Ulterior, răciți-le rapid într-o chiuvetă umplută cu apă rece, apoi curățați roșiile de coajă.
b) Tăiați roșiile decojite în jumătate pe orizontală și scoateți semințele și sucul într-un bol; pune astea deoparte. Tăiați grosier pulpa roșiilor și lăsați-o deoparte.
c) Într-o cratiță mare, cu bază grea, amestecați semințele de fenicul, semințele de chimen și semințele de muștar brun, la foc mediu, timp de aproximativ 1 minut, sau până când devin parfumate. Apoi, transferați aceste condimente într-un castron.
d) Puneti cratita la foc mediu, adaugand uleiul de masline. Acum, adăugați ceapa tocată mărunt, usturoiul, ardeiul iute, cimbru și 3 lingurițe de sare. Se amestecă din când în când și se fierbe timp de aproximativ 5 minute.
e) Încorporați vinetele în amestec și continuați să gătiți, amestecând ocazional, timp de aproximativ 8 minute, sau până când legumele

devin fragede. Adăugați pulpa de roșii tocată, condimentele prăjite anterior, merele, oțetul de vin roșu și zahărul brun.

f) Se strecoară sucurile de roșii rezervate în cratiță, aruncând semințele. Aduceți amestecul la fiert, apoi lăsați-l să fiarbă aproximativ 45 de minute sau până când cea mai mare parte a lichidului s-a evaporat.

g) Turnați chutney fierbinte în borcane sterilizate cât este încă cald și sigilați borcanele prompt.

37. Chutney de roșii cu Chile

INGREDIENTE:
- 1 lingurita de seminte de chimen
- 1 linguriță de semințe de muștar negru
- 1 lingurita seminte de coriandru
- 1 lingurita de seminte de fenicul
- 4 ardei iute uscat
- ½ linguriță fulgi de ardei roșu
- 2 căni de oțet alb
- ½ cană zahăr
- 8 cesti de rosii decojite, tocate si scurse de rosii Roma sau alte pasta
- 12 catei de usturoi, tocati
- 1 lingurita sare de murat

INSTRUCȚIUNI:

a) Într-o tigaie fierbinte și uscată, combinați semințele de chimen, semințele de muștar, semințele de coriandru, semințele de fenicul și ardei iute. Prăjiți condimentele, amestecând continuu, până când sunt parfumate. Transferați condimentele într-un castron mic. Adăugați fulgii de ardei roșu. Pus deoparte.

b) Într-o oală mare pusă la foc mediu, combinați oțetul alb și zahărul. Aduceți la fiert, amestecând pentru a dizolva zahărul.

c) Adăugați roșiile, condimentele rezervate și usturoiul. Se aduce la fierbere. Reduceți căldura la mediu. Fierbeți aproximativ 1 oră și jumătate, sau până se îngroașă. Amestecați ocazional la început și mai des pe măsură ce se îngroașă. După ce s-a îngroșat, se adaugă sarea de murat și se ia de pe foc.

d) Pregătiți o baie cu apă fierbinte. Pune borcanele în el pentru a se menține cald. Spălați capacele și inelele în apă fierbinte cu săpun și lăsați deoparte.

e) Puneți chutney-ul în borcanele pregătite, lăsând ½ inch spațiu liber. Folosiți o ustensile nemetalice pentru a elibera orice bule de aer. Ștergeți jantele și etanșați cu capace și inele.

f) Procesați borcanele într-o baie de apă fierbinte timp de 15 minute. Opriți focul și lăsați borcanele să se odihnească în baie de apă timp de 10 minute.

g) Scoateți cu grijă borcanele din recipientul cu apă fierbinte. Se lasa deoparte la racit 12 ore.
h) Verificați capacele pentru etanșarea corespunzătoare. Scoateți inelele, ștergeți borcanele, etichetați-le și datați-le și transferați-le într-un dulap sau cămară.
i) Pentru cea mai bună aromă, lăsați chutney-ul să se întărească timp de 3 până la 4 săptămâni înainte de servire. Pune la frigider orice borcane care nu se sigilează corect și folosește-l în decurs de 6 săptămâni. Borcanele închise corespunzător vor rezista în dulap timp de 12 .

38.Chutney de porumb și roșii

INGREDIENTE:
- 1 cană boabe de porumb proaspete
- 2 rosii, tocate
- 1 ceapa, tocata
- 2 catei de usturoi, tocati
- ghimbir de 1 inch, ras
- 2 ardei iute verzi
- 1 lingura ulei vegetal
- 1 linguriță de seminţe de muştar
- 1/2 lingurita pudra de turmeric
- Sarat la gust
- Frunze proaspete de coriandru pentru ornat

INSTRUCȚIUNI:
a) Încinge uleiul într-o tigaie la foc mediu. Adăugaţi seminţele de muştar şi lăsaţi-le să stropească.
b) Adăugaţi ceapa tocată, usturoiul tocat, ghimbirul ras şi ardeiul iute. Se caleste pana ce ceapa devine moale si translucida.
c) Adăugaţi boabe de porumb proaspete şi roşii tocate. Gatiti pana rosiile sunt moi si porumbul este fraged.
d) Se amestecă pudra de turmeric şi sarea. Se amestecă bine şi se fierbe încă un minut.
e) Se ia de pe foc si se lasa chutney-ul sa se raceasca putin. Se ornează cu frunze proaspete de coriandru înainte de servire.

39. Chutney picant de roșii verzi

INGREDIENTE:
- 2 cani de rosii verzi, taiate cubulete
- 1 ceapa, tocata marunt
- 2 ardei iute verzi, tocat
- 2 catei de usturoi, tocati
- ghimbir de 1 inch, ras
- 1/4 cana otet de mere
- 2 linguri de zahar brun
- 1/2 linguriță de semințe de muștar
- 1/2 linguriță de semințe de chimen
- 1/4 lingurita pudra de turmeric
- Sarat la gust

INSTRUCȚIUNI:
a) Încinge uleiul într-o tigaie la foc mediu. Adăugați semințele de muștar și semințele de chimen. Lasă-i să stropească.
b) Adăugați ceapa tocată, ardei iute verde, usturoi tocat și ghimbir ras. Se caleste pana ce ceapa devine translucida.
c) Adăugați roșiile verzi tăiate cubulețe și gătiți până se înmoaie.
d) Se amestecă oțet de mere, zahăr brun, pudră de turmeric și sare. Gatiti pana cand amestecul se ingroasa usor.
e) Lăsați chutney-ul să se răcească complet înainte de a-l transfera în borcane sterilizate. A se păstra la frigider.

40. Capsicum (ardei gras) și chutney de roșii

INGREDIENTE:
- 2 roșii de mărime medie, tăiate cubulețe
- 2 ardei capii de marime medie, taiati cubulete
- 1 ceapa, tocata marunt
- 2 ardei iute verzi, tocat
- 1 lingura pasta de ghimbir-usturoi
- 1 linguriță de semințe de muștar
- 1 lingurita de seminte de chimen
- 1/2 lingurita pudra de turmeric
- 1 lingurita pudra de chili rosu
- 1 lingura otet
- Sarat la gust
- 2 linguri ulei

INSTRUCȚIUNI:
a) Încinge uleiul într-o tigaie. Adăugați semințele de muștar și semințele de chimen. Lasă-i să stropească.
b) Adăugați ceapa tocată și ardei iute verzi. Se caleste pana ce ceapa devine maro auriu.
c) Adaugă pasta de ghimbir-usturoi și călește timp de un minut.
d) Adăugați roșii tăiate cubulețe și ardei capia. Gatiti pana se inmoaie.
e) Se amestecă pudră de turmeric, pudră de chili roșu, oțet și sare. Mai fierbeți câteva minute până când chutney-ul se îngroașă.
f) Lăsați chutney-ul să se răcească complet înainte de a-l depozita în borcane sterilizate. Se da la frigider si se foloseste in cateva saptamani.

41.Chutney de schinduf și roșii

INGREDIENTE:
- 2 cani de muguri de schinduf
- 4 rosii, tocate
- 1 ceapa, tocata
- 2 ardei iute verzi, tocat
- Catei de usturoi, tocați
- Semințe de muștar
- Semințe de chimen
- frunze de curry
- Sarat la gust
- Ulei pentru gătit

INSTRUCȚIUNI:
a) Într-o tigaie, încălziți uleiul și adăugați semințele de muștar, semințele de chimen și frunzele de curry. Lăsați-le să stropească.
b) Adăugați ceapa tocată, ardei iute verde și usturoi tocat. Se caleste pana ce ceapa devine translucida.
c) Adăugați roșiile tăiate și gătiți până devin moi.
d) Amestecați mugurii de schinduf și gătiți timp de câteva minute.
e) Asezonați cu sare și continuați să gătiți până când amestecul se ingroașă.
f) Serviți germeni de schinduf și chutney de roșii cu orez sau ca garnitură.

42. Busuioc și chutney de roșii uscate

INGREDIENTE:
- 2 cesti frunze proaspete de busuioc
- 1/2 cană roșii uscate la soare (ambalate în ulei), scurse
- 1/4 cană nuci de pin, prăjite
- 2 catei de usturoi
- 1/4 cană parmezan ras
- 1/4 cană ulei de măsline extravirgin
- Sare si piper dupa gust

INSTRUCȚIUNI:
a) Într-un robot de bucătărie, combinați frunzele proaspete de busuioc, roșiile uscate la soare, nucile de pin prăjite, cățeii de usturoi și parmezanul ras.
b) Pulsați până când amestecul formează o pastă groasă.
c) Cu robotul de bucatarie in functiune, stropiti incet uleiul de masline pana cand amestecul este bine combinat.
d) Se condimenteaza cu sare si piper dupa gust.
e) Transferați busuiocul și chutney-ul de roșii uscate într-un borcan și dați la frigider până sunt gata de utilizare. Este fantastic aruncat cu paste, uns pe bruschetta sau servit cu pui sau pește la grătar.

43. Chutney de papaya dulce-acru

INGREDIENTE:
- 1 papaya (proaspăt; copt sau borcanat)
- 1 ceapa rosie mica; Segmentata foarte subtire
- 1 roșie moderată (până la 2); fără semințe, cubulețe mici
- ½ cană de ceață segmentată
- 1 ananas mic; tăiat în bucăți
- 1 lingura Miere
- Sarat la gust
- Piper negru proaspăt măcinat; după gust
- ½ Jalapeno proaspăt; tăiat cubulețe fine

INSTRUCȚIUNI:
a) Amesteca totul bine.

PESTO DE ROSII

44. Busuioc Pesto de roșii uscate

INGREDIENTE:
- 1 1/2 cană frunze de busuioc proaspăt
- 1/2 cana rosii uscate la soare in ulei, scurse
- 1/3 cană migdale, prăjite
- 2 catei de usturoi
- 1/2 cană ulei de măsline
- 1/2 cană parmezan ras
- Sarat la gust

INSTRUCȚIUNI:
a) Amesteca busuiocul, rosiile uscate la soare, migdalele si usturoiul intr-un robot de bucatarie pana se toaca grosier.
b) Se toarnă treptat ulei de măsline până când amestecul este omogen.
c) Transferați într-un bol și amestecați cu parmezan. Sarat la gust.
d) Păstrați la frigider sau serviți imediat.

45. Sos pesto uscat la soare

INGREDIENTE:
- 1 cană roșii uscate la soare ambalate
- 1/4 cană suc de lămâie
- 1 cană migdale
- sare
- 1 ardei iute, tocat
- 1 cană roșii tocate

INSTRUCȚIUNI:
a) Înainte de a face ceva, preîncălziți cuptorul la 350 F.
b) Luați un bol de amestecare: puneți în el roșiile uscate. Acoperiți-l cu apă clocotită și lăsați-l să stea 16 minute să se înmoaie.
c) Întindeți migdalele pe o foaie de copt într-un strat uniform. Se da la cuptor si se lasa sa fiarba 9 minute.
d) Opriți focul și lăsați migdalele să se răcească puțin.
e) Tăiați grosier migdalele și puneți-le deoparte.
f) Scurgeți roșiile uscate.
g) Luați un blender: combinați în el roșiile uscate cu migdale și ingredientele rămase . Amesteca-le netede.
h) Turnați pansamentul într-un borcan și sigilați-l. Pune-l la frigider până este gata de servire.
i) Le poți servi dressing cu un sandviș, carne la grătar sau o salată.

46.Pesto de anghinare cu brânză

INGREDIENTE:
- 2 cani frunze proaspete de busuioc
- 2 linguri de brânză feta mărunțită
- 1/4 cană brânză parmezan proaspăt rasă 1/4 cană nuci de pin, prăjite
- 1 inima de anghinare, tocata grosier
- 2 linguri de roșii uscate la soare, tocate în ulei
- 1/2 cană ulei de măsline extravirgin
- 1 praf sare si piper negru dupa gust

INSTRUCȚIUNI:
a) Într-un robot de bucătărie mare, adăugați toate ingredientele, cu excepția uleiului și condimentele și amestecați până se combină.
b) În timp ce motorul funcționează încet, adăugați ulei și pulsați până se omogenizează.
c) Se condimentează cu sare și piper negru și se servește.

47.Pesto francez de brânză de capră

INGREDIENTE:

- 1 pachet de brânză de capră, înmuiată
- 1 borcan pesto (8 oz) sau după cum este necesar
- 3 rosii, tocate

INSTRUCȚIUNI:

a) Într-o farfurie mare de servire, feliați brânza într-un strat de 1/4 inch.
b) Peste brânză se așează uniform pesto într-un strat subțire, urmat de roșii.
c) Bucurați-vă de această baie cu pâinea franțuzească feliată.

48.Feta și pesto de roșii uscate la soare

INGREDIENTE:
- 2 cesti frunze proaspete de busuioc
- 1/2 cană roșii uscate la soare (ambalate în ulei), scurse
- 1/2 cană brânză feta mărunțită
- 1/3 cană nuci de pin prăjite
- 2 catei de usturoi
- 1/3 cană ulei de măsline extravirgin
- Sare si piper dupa gust

INSTRUCȚIUNI:
a) Într-un robot de bucătărie, combinați busuiocul, roșiile uscate la soare, brânza feta, nucile de pin și usturoiul. Pulsați până se toacă mărunt.
b) În timpul procesării, adăugați treptat ulei de măsline până când pesto-ul este omogen.
c) Se condimenteaza cu sare si piper dupa gust.
d) Acest pesto aromat este delicios aruncat cu paste, uns pe sandvișuri sau servit ca o baie pentru pâine.

49.Pesto de rosii si ardei rosu prajit

INGREDIENTE:
- 1 cana ardei rosii prajiti (din borcan), scursi
- 1 cană de roșii uscate la soare (ambalate în ulei), scurse
- 2 catei de usturoi, tocati
- 1/4 cană parmezan ras
- 1/4 cană nuci de pin, prăjite
- 1/4 cană ulei de măsline extravirgin
- Sare si piper dupa gust

INSTRUCȚIUNI:
a) Într-un robot de bucătărie, combinați ardeii roșii prăjiți, roșiile uscate la soare, usturoiul tocat, parmezanul și nucile de pin.
b) Pulsați până când ingredientele sunt tocate mărunt.
c) Cu robotul de bucatarie in functiune, adauga treptat uleiul de masline pana cand pesto ajunge la consistenta dorita.
d) Se condimenteaza cu sare si piper dupa gust.
e) Servește ardeiul roșu prăjit și pesto de roșii împrăștiate cu paste, uns pe sandvișuri sau ca o baie pentru pâine.

50. Pesto picant de roșii și busuioc

INGREDIENTE:
- 1 cană de roșii cherry, tăiate la jumătate
- 1/4 cana rosii uscate la soare (ambalate in ulei), scurse
- 2 catei de usturoi, tocati
- 1/4 cană parmezan ras
- 1/4 cană nuci de pin, prăjite
- 1/4 cană frunze de busuioc proaspăt
- 1/4 linguriță fulgi de ardei roșu (ajustați după gust)
- 1/4 cană ulei de măsline extravirgin
- Sarat la gust

INSTRUCȚIUNI:
a) Intr-o tigaie se incinge putin ulei de masline la foc mediu. Adăugați roșiile cherry și gătiți până se înmoaie și se caramelizează ușor, aproximativ 5-7 minute.
b) Într-un robot de bucătărie, combinați roșiile cherry fierte, roșiile uscate la soare, usturoiul tocat, parmezanul, nucile de pin, frunzele de busuioc și fulgii de ardei roșu.
c) Pulsați până când ingredientele sunt tocate mărunt.
d) Cu robotul de bucatarie in functiune, adauga treptat uleiul de masline pana cand pesto ajunge la consistenta dorita.
e) Asezonați cu sare după gust.
f) Servește pestoul picant de roșii și busuioc împrăștiat cu paste, uns pe bruschetta sau ca topping pentru pui sau pește la grătar.

51.Pesto de rosii, nuci

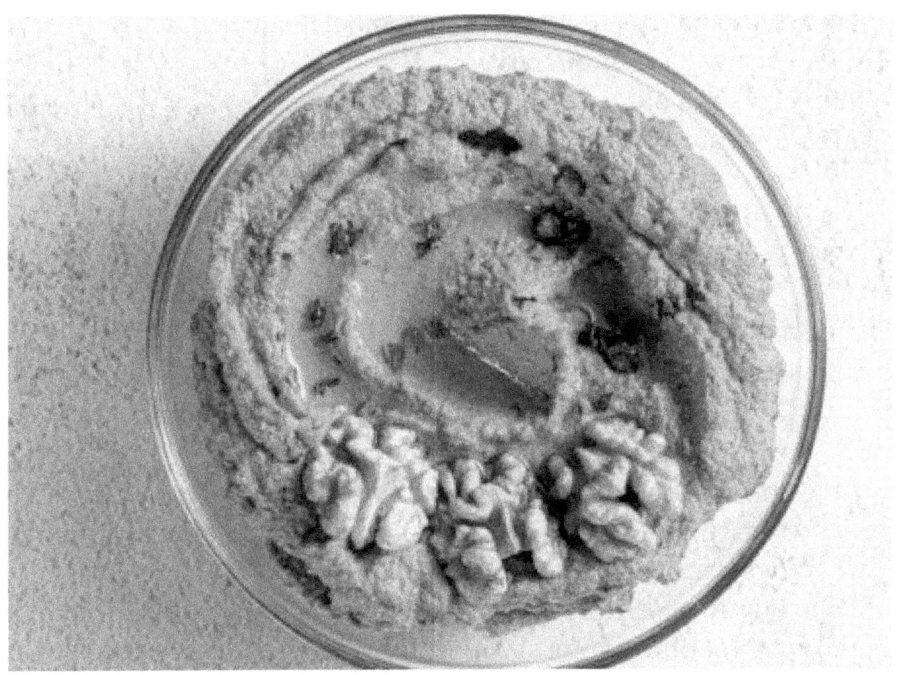

INGREDIENTE:
- 1 cana rosii cherry
- 1/4 cana rosii uscate la soare (ambalate in ulei), scurse
- 2 catei de usturoi, tocati
- 1/4 cană parmezan ras
- 1/4 cană nuci, prăjite
- 1/4 cană frunze de busuioc proaspăt
- 1/4 cană ulei de măsline extravirgin
- Sare si piper dupa gust

INSTRUCȚIUNI:

a) Preîncălziți cuptorul la 400°F (200°C). Așezați roșiile cherry pe o foaie de copt și coaceți-le timp de 15-20 de minute, sau până încep să spargă și să se caramelizeze.

b) Într-un robot de bucătărie, combinați roșiile cherry prăjite, roșiile uscate la soare, usturoiul tocat, parmezanul, nucile și frunzele de busuioc.

c) Pulsați până când ingredientele sunt tocate mărunt.

d) Cu robotul de bucatarie in functiune, adauga treptat uleiul de masline pana cand pesto ajunge la consistenta dorita.

e) Se condimenteaza cu sare si piper dupa gust.

f) Servește pesto-ul de roșii, nuci, amestecat cu paste, uns pe crostini sau ca topping pentru legume la grătar.

52. Pesto Rosso de roșii

INGREDIENTE:
- 1 cană de roșii uscate la soare (ambalate în ulei), scurse
- 2 catei de usturoi, tocati
- 1/4 cană parmezan ras
- 1/4 cană nuci de pin, prăjite
- 1/4 cană frunze de busuioc proaspăt
- 1/4 cană ulei de măsline extravirgin
- Sare si piper dupa gust

INSTRUCȚIUNI:

a) Într-un robot de bucătărie, combinați roșiile uscate la soare, usturoiul tocat, parmezanul, nucile de pin și frunzele de busuioc.
b) Pulsați până când ingredientele sunt tocate mărunt.
c) Cu robotul de bucatarie in functiune, adauga treptat uleiul de masline pana cand pesto ajunge la consistenta dorita.
d) Se condimenteaza cu sare si piper dupa gust.
e) Servește pesto rosso de roșii împrăștiat cu paste, uns pe sandvișuri sau ca o baie pentru grisine.

53.Pesto de roșii și migdale

INGREDIENTE:
- 1 cană de roșii uscate la soare (ambalate în ulei), scurse
- 1/4 cană migdale, prăjite
- 2 catei de usturoi, tocati
- 1/4 cană parmezan ras
- 1/4 cană frunze de busuioc proaspăt
- 1/4 cană ulei de măsline extravirgin
- Sare si piper dupa gust

INSTRUCȚIUNI:

a) Într-un robot de bucătărie, combinați roșiile uscate la soare, migdalele prăjite, usturoiul tocat, parmezanul și frunzele de busuioc.
b) Pulsați până când ingredientele sunt tocate mărunt.
c) Cu robotul de bucatarie in functiune, adauga treptat uleiul de masline pana cand pesto ajunge la consistenta dorita.
d) Se condimenteaza cu sare si piper dupa gust.
e) Servește pesto de roșii și migdale împrăștiat cu paste, uns pe sandvișuri sau ca o baie pentru crudite de legume.

54.Pesto de roșii și caju

INGREDIENTE:
- 1 cană de roșii uscate la soare (ambalate în ulei), scurse
- 1/4 cană caju, prăjite
- 2 catei de usturoi, tocati
- 1/4 cană parmezan ras
- 1/4 cană frunze de busuioc proaspăt
- 1/4 cană ulei de măsline extravirgin
- Sare si piper dupa gust

INSTRUCȚIUNI:
a) Într-un robot de bucătărie, combinați roșiile uscate la soare, caju prăjite, usturoiul tocat, parmezanul și frunzele de busuioc.
b) Pulsați până când ingredientele sunt tocate mărunt.
c) Cu robotul de bucatarie in functiune, adauga treptat uleiul de masline pana cand pesto ajunge la consistenta dorita.
d) Se condimenteaza cu sare si piper dupa gust.
e) Servește pesto de roșii și caju împrăștiat cu paste, uns pe crostini sau ca topping pentru pui sau pește la grătar.

55.Pesto de roșii și fistic

INGREDIENTE:
- 1 cană de roșii uscate la soare (ambalate în ulei), scurse
- 1/4 cană fistic decojit, prăjit
- 2 catei de usturoi, tocati
- 1/4 cană parmezan ras
- 1/4 cană frunze de busuioc proaspăt
- 1/4 cană ulei de măsline extravirgin
- Sare si piper dupa gust

INSTRUCȚIUNI:

a) Într-un robot de bucătărie, combinați roșiile uscate la soare, fisticul prăjit, usturoiul tocat, parmezanul și frunzele de busuioc.
b) Pulsați până când ingredientele sunt tocate mărunt.
c) Cu robotul de bucatarie in functiune, adauga treptat uleiul de masline pana cand pesto ajunge la consistenta dorita.
d) Se condimenteaza cu sare si piper dupa gust.
e) Servește pesto-ul de roșii și fistic împrăștiat cu paste, întins pe bruschetta sau ca o baie pentru grisine.

56.Pesto de roșii și semințe de dovleac

INGREDIENTE:
- 1 cană de roșii uscate la soare (ambalate în ulei), scurse
- 1/4 cană semințe de dovleac (pepitas), prăjite
- 2 catei de usturoi, tocati
- 1/4 cană parmezan ras
- 1/4 cană frunze de busuioc proaspăt
- 1/4 cană ulei de măsline extravirgin
- Sare si piper dupa gust

INSTRUCȚIUNI:
a) Într-un robot de bucătărie, combinați roșiile uscate la soare, semințele de dovleac prăjite, usturoiul tocat, parmezanul și frunzele de busuioc.
b) Pulsați până când ingredientele sunt tocate mărunt.
c) Cu robotul de bucatarie in functiune, adauga treptat uleiul de masline pana cand pesto ajunge la consistenta dorita.
d) Se condimenteaza cu sare si piper dupa gust.
e) Servește pesto-ul de roșii și semințe de dovleac împrăștiat cu paste, uns pe sandvișuri sau ca topping pentru legume prăjite.

SOS DE PASTE ROSII

57. Sos de bază pentru paste

INGREDIENTE:
- 1 lingura ulei
- ½ ardei gras rosu
- ½ ardei verde
- ½ ceapă
- ½ linguriță de usturoi pudră
- ½ lingurita oregano
- ½ lingurita fulgi de patrunjel
- 1 lingura sos iute
- 1 lingura zahar
- Cutie de 12 uncii de sos de roșii
- ½ cană de ketchup
- ½ cană apă

INSTRUCȚIUNI:
a) Într-o cratiță la foc mediu, încălziți uleiul și căleți ardeiul gras și ceapa timp de 3 minute.
b) Adăugați usturoi, oregano, fulgi de pătrunjel și sos iute.
c) Adaugati sosul de rosii, apa si gatiti 3-4 minute.
    a) Bucurați-vă!

58.Picant Sos pentru paste

INGREDIENTE:

- 2 lingurite ulei de masline
- 1 ceapa medie, tocata
- 2 linguri de usturoi, tocat
- 2 conserve (15 uncii) cu sos de roșii (poate înlocui una dintre cutii cu roșii zdrobite sau înăbușite dacă vă plac bucăți de roșii)
- 1 conserve (6 uncii) de pastă de tomate
- 1 lingurita oregano uscat
- 1 lingurita rozmarin uscat
- 1/2 lingurita fulgi de ardei rosu macinati (poate fi omisi daca preferi)
- 3/4 lingurita sare
- 1/4 lingurita piper
- 1 lingurita zahar

INSTRUCȚIUNI:

a) Într-o tigaie, încălziți ulei esențial de măsline la foc mediu.
b) Se pune ceapa si se caleste pana se inmoaie. Se pune usturoiul și se mai face încă un minut.
c) Se amestecă în produsele din tomate, oregano, rozmarin, ardei roșu măcinat, sare și piper. Stilați sosul și dacă doriți, adăugați glucoză.
d) Aduceți la un fierbere minim, apoi reduceți căldura și fierbeți aproximativ 10 minute, până când se îngroașă puțin. Utilizați după cum doriți.

59. Sos de paste citrice

INGREDIENTE:
- 9 3/5 roșii mari coapte, tăiate în sferturi, fără miez și tocate
- 3 1/5 2 -4 linguri ulei de măsline
- 6 2/5 catei de usturoi, curatati, tocati
- 4/5 cană frunze de busuioc spălate, uscate și cu tulpină, tocate
- 2/5 cana patrunjel italian, spalat si tocat
- 16 măsline proaspete, fără sâmburi și tocate (verzi sau negre)
- 2/5 cană capere
- 3 1/5 linguri otet balsamic
- 1 3/5 lingurita coaja de portocala rasa sau 1 lingurita coaja de lamaie
- sare si piper negru proaspat macinat
- parmezan, pentru stropire deasupra pastelor finite

INSTRUCȚIUNI:
a) Combinați toate ingredientele (cu excepția brânzei) într-un castron și amestecați pentru a se combina.
b) Gătiți pastele, amestecați cu sos, stropiți cu brânză.

60. Bere Sos pentru paste

INGREDIENTE:
- 1 conserve (29 uncii) de piure de roșii
- 12 uncii de bere
- 2 linguri zahar alb
- 1 1/2 linguriță pudră de usturoi
- 1 1/2 linguriță busuioc uscat
- 1 1/2 linguriță de oregano uscat
- 1 lingurita sare

INSTRUCȚIUNI:
a) Combinați toate ingredientele găsite într-o cratiță.
b) Aduceți la fierbere mai mult decât focul mediu-mare.
c) Reduceți încălzirea la mediu-scăzut și fierbeți treizeci de minute.

61. Sos de paste Calcutta

INGREDIENTE:
- 2 linguri Unt
- 1½ lingură semințe de chimion; zdrobit
- 1 lingura Paprika
- 3 Catei de usturoi; tocat
- 2 linguri Rădăcină de ghimbir proaspăt; tocat
- 2 Jalapeños ; însămânțate și tocate
- 3½ cană Roșii proaspete sau conservate mărunțite
- 1 lingurita Cardamom; sol
- ½ lingură garam masala
- ½ cană Iaurt simplu
- ½ cană smantana
- ¼ cană coriandru proaspăt; tocat

INSTRUCȚIUNI:
a) Se călește chimionul, boia de ardei, usturoiul, rădăcina de ghimbir și jalapeños în unt până devin aurii și parfumate, aproximativ 5 minute. Adăugați roșiile, cardamomul și garam masala.
b) Fierbeți ușor până se îngroașă, 30 până la 60 de minute .
c) Adăugați iaurt, smântână opțională și coriandru.
d) Se încălzește, dar nu se fierbe. Serviți peste cușcuș sau paste.

62. Sos picant de roșii napolitan

INGREDIENTE:
- 2 linguri ulei de masline
- 4 catei de usturoi, tocati
- 1 ceapa, tocata marunt
- 1/2 linguriță fulgi de ardei roșu (ajustați după gust)
- 28 uncii roșii zdrobite la conserva
- 1 lingurita oregano uscat
- Sare si piper dupa gust

INSTRUCȚIUNI:
a) Încinge ulei de măsline într-o cratiță la foc mediu. Adăugați usturoiul tocat și ceapa tocată, căliți până se înmoaie.
b) Se amestecă fulgii de ardei roșu și se fierbe încă un minut.
c) Adăugați roșiile zdrobite, oregano uscat, sare și piper.
d) Se fierbe aproximativ 20-25 de minute până când sosul se îngroașă și aromele se topesc.
e) Ajustați condimentul dacă este necesar și serviți peste paste fierte pentru un picant.

63. Sos napolitan de rosii cu usturoi prajit

INGREDIENTE:
- 2 linguri ulei de masline
- 6 catei de usturoi, curatati de coaja
- 28 uncii roșii zdrobite la conserva
- 1 lingurita oregano uscat
- 1 lingurita busuioc uscat
- Sare si piper dupa gust

INSTRUCȚIUNI:
a) Preîncălziți cuptorul la 400°F (200°C). Puneți cățeii de usturoi curățați pe o tavă de copt și stropiți cu ulei de măsline. Se prăjește timp de 15-20 de minute până când devin aurii și parfumate.
b) Într-o cratiță, încălziți ulei de măsline la foc mediu. Adăugați cățeii de usturoi copți și gătiți încă un minut.
c) Se amestecă roșiile zdrobite, oregano uscat, busuioc uscat, sare și piper.
d) Se fierbe aproximativ 20-25 de minute până când sosul se îngroașă și aromele se topesc.
e) Ajustați condimentele dacă este necesar și serviți peste paste fierte pentru un sos bogat și aromat.

64.Sos balsamic de roșii napolitan

INGREDIENTE:
- 2 linguri ulei de masline
- 4 catei de usturoi, tocati
- 1 ceapa, tocata marunt
- 2 linguri de otet balsamic
- 28 uncii roșii zdrobite la conserva
- 1 lingurita oregano uscat
- Sare si piper dupa gust

INSTRUCȚIUNI:
a) Încinge ulei de măsline într-o cratiță la foc mediu. Adăugați usturoiul tocat și ceapa tocată, căliți până se înmoaie.
b) Se amestecă oțetul balsamic și se fierbe încă un minut.
c) Adăugați roșiile zdrobite, oregano uscat, sare și piper.
d) Se fierbe aproximativ 20-25 de minute până când sosul se îngroașă și aromele se topesc.
e) Ajustați condimentul dacă este necesar și serviți peste paste fierte pentru o întorsătură acidulată și aromată.

65.Sos Caprese de rosii

INGREDIENTE:
- 2 linguri ulei de masline
- 4 catei de usturoi, tocati
- 4 roșii mari, tăiate cubulețe
- 1/2 cană frunze de busuioc proaspăt, tocate
- 8 uncii de mozzarella proaspătă, tăiată cubulețe
- Sare si piper dupa gust

INSTRUCȚIUNI:
a) Încinge ulei de măsline într-o cratiță la foc mediu. Se adaugă usturoiul tocat și se călește până se parfumează.
b) Adaugati rosiile taiate cubulete si gatiti pana incep sa se inmoaie.
c) Se amestecă frunzele de busuioc tocate și mozzarella tăiată cubulețe. Gatiti pana cand mozzarella incepe sa se topeasca.
d) Se condimenteaza cu sare si piper dupa gust.
e) Serviți peste paste fierte pentru un sos Caprese clasic.

66.Sos de paste cu ciuperci și roșii

INGREDIENTE:
- 2 linguri ulei de masline
- 8 oz (225 g) ciuperci, feliate
- 4 catei de usturoi, tocati
- 1 conserve (14 oz) de roșii tăiate cubulețe
- 1/2 cană sos de roșii
- 1 lingurita oregano uscat
- Sare si piper dupa gust
- Pătrunjel proaspăt, tocat (pentru garnitură)

INSTRUCȚIUNI:
a) Încinge ulei de măsline într-o tigaie la foc mediu. Adăugați ciupercile feliate și gătiți până se rumenesc, aproximativ 5-7 minute.
b) Adăugați usturoiul tocat în tigaie și prăjiți-l timp de 1-2 minute până când este parfumat.
c) Se toarnă roșiile tăiate cubulețe și sosul de roșii. Se amestecă oregano uscat.
d) Fierbeți sosul aproximativ 10 minute, amestecând din când în când.
e) Se condimenteaza cu sare si piper dupa gust.

67. Sos pentru paste de roșii și măsline

INGREDIENTE:
- 2 linguri ulei de masline
- 1 ceapa, tocata marunt
- 4 catei de usturoi, tocati
- 1 conserve (14 oz) de roșii tăiate cubulețe
- 1/2 cană sos de roșii
- 1/2 cană măsline negre feliate
- 1 lingurita busuioc uscat
- Sare si piper dupa gust
- Parmezan ras (pentru garnitura)

INSTRUCȚIUNI:
a) Încinge ulei de măsline într-o tigaie la foc mediu. Adăugați ceapa tocată și căliți până devine translucid, aproximativ 5 minute.
b) Adăugați usturoiul tocat în tigaie și gătiți încă 1-2 minute până când este parfumat.
c) Se toarnă roșiile tăiate cubulețe și sosul de roșii. Se amestecă măslinele negre feliate și busuiocul uscat.
d) Fierbeți sosul aproximativ 10 minute, amestecând din când în când.
e) Se condimenteaza cu sare si piper dupa gust.
f) Serviți sosul de paste de roșii și măsline peste paste fierte. Se ornează cu parmezan ras înainte de servire.

SOS MARINARA DE ROSII

68.Sos Marinara gros

INGREDIENTE:
- 1 cană ceapă roșie tăiată cubulețe
- 1 cană țelină tăiată cubulețe
- 1 cană de dovlecel tăiat cubulețe
- 1 cană ciuperci tăiate cubulețe
- 4 căni de roșii decojite, tăiate cubulețe (aproximativ 8 roșii medii)
- 1 cană suc de roșii
- 2 linguri pasta de rosii
- 2 linguri busuioc proaspăt tocat
- 1 lingura oregano proaspat tocat
- 1 lingurita de usturoi tocat

INSTRUCȚIUNI:
a) Începeți prin a tăia ceapa, țelina, dovlecelul și ciupercile în bucăți de ½ inch.
b) Într-o tigaie, căliți legumele tăiate cubulețe în oțet balsamic aproximativ 5 minute până se înmoaie ușor.
c) Adăugați roșiile tăiate cubulețe în tigaie, împreună cu sucul de roșii, pasta de roșii, ierburi tocate (busuioc și oregano) și usturoiul tocat.
d) Lăsați sosul să fiarbă la foc mediu aproximativ 20 de minute sau până când scade cu aproximativ o treime.
e) Odată ce sosul a atins consistența dorită și aromele s-au topit, serviți-l peste paste pentru o masă delicioasă.

69. Sos Marinara de 30 de minute

INGREDIENTE:
- 28 uncii roșii conservate
- 16 uncii sos de roșii
- 5 ½ uncii pastă de tomate
- ½ cană ardei gras verde tocat
- ½ cană ceapă tocată
- ½ cană de dovlecel tăiat cubulețe
- 1 cana ciuperci tocate
- ½ cana morcovi tocati
- 1 lingurita busuioc
- 1 lingurita maghiran
- ½ lingurita oregano
- ½ lingurita rozmarin
- 3 catei de usturoi tocati
- 3 linguri ulei de masline

INSTRUCȚIUNI:
a) Într-o cratiță mare, încălziți ulei de măsline la foc mediu.
b) Adăugați în cratiță ardeiul verde tocat, ceapa, dovlecelul, ciupercile, morcovii, usturoiul tocat și ierburile (busuioc, maghiran, oregano, rozmarin). Se calesc pana ce ceapa devine translucida si legumele se inmoaie putin.
c) Adăugați roșiile conservate, sosul de roșii și pasta de roșii în cratiță. Rupeți roșiile întregi cu o lingură.
d) Aduceți amestecul la fiert și lăsați-l să fiarbă timp de 30 de minute, amestecând din când în când.
e) Odată ce sosul s-a îngroșat și aromele s-au topit, este gata de utilizare în orice rețetă care necesită sos pentru paste.

70.Usturoi Marinara

INGREDIENTE:
- 1 conserve (8 oz) de roșii prune italiene
- 2 catei de usturoi, macinati
- 2 linguri ulei de masline
- 2 vârfuri de oregano
- 1 lingurita patrunjel tocat

INSTRUCȚIUNI:
a) Scurgeți roșiile prune italiene și tăiați-le în bucăți mici.
b) Într-o tigaie, încălziți uleiul de măsline la foc mediu. Adăugați usturoiul zdrobit și prăjiți aproximativ un minut, sau până când devine auriu.
c) Scoateți usturoiul din tigaie și aruncați-l.
d) Adaugati rosiile tocate in tigaie si sotiti aproximativ 4 minute, pana incep sa se inmoaie.
e) Se amestecă oregano și pătrunjelul tocat și se prăjesc încă un minut pentru a permite aromelor să se topească.
f) Scoateți sosul marinara de pe foc și folosiți după dorință.

71.Sos pentru Paste Marinara

INGREDIENTE:
- 2 catei mari de usturoi, curatati de coaja
- 20 de crengute mari patrunjel italian, numai frunze
- 1/2 cană ulei de măsline
- 2 kg de roșii coapte sau aceeași cantitate conservată
- Sare și piper negru proaspăt măcinat

INSTRUCȚIUNI:
a) Se toacă mărunt cățeii de usturoi și se toacă grosier frunzele de pătrunjel.
b) Într-o cratiță mare, încălziți uleiul de măsline la foc mediu. Adăugați usturoiul și pătrunjelul tocate, călitând aproximativ două minute, având grijă să nu se coloreze prea mult.
c) Dacă folosiți roșii proaspete, tăiați-le în bucăți de 1 inch. Adăugați roșiile proaspete sau conservate în tigaie și gătiți încă 25 de minute, amestecând din când în când.
d) Treceți conținutul tigaii printr-o moară, folosind discul cu cele mai mici găuri. Alternativ, omiteți acest pas dacă preferați un sos cu bucăți de roșii.
e) Asezonați sosul cu sare și piper negru proaspăt măcinat după gust.
f) Reduceți sosul la foc mediu încă 10 minute, apoi serviți.

72. Salsa Marinara

INGREDIENTE:
- 1 cană ceapă tocată
- 2 catei de usturoi, tocati
- 1/3 cană ulei de măsline
- 2 kg de roșii ferme coapte, fără miez, tăiate în bucăți de 1 inch - sau- 2 conserve (28 uncii) de roșii prune italiene întregi decojite
- Sare si piper proaspat macinat, dupa gust

INSTRUCȚIUNI:
a) Într-o cratiță mare, pusă la foc moderat, gătiți ceapa tocată, usturoiul tocat și uleiul de măsline, amestecând din când în când, timp de aproximativ 5 minute, până când ceapa se înmoaie.
b) Adaugati rosiile in cratita, impreuna cu sare si piper proaspat macinat dupa gust.
c) Se fierbe amestecul, acoperit, amestecand din cand in cand, timp de aproximativ 20 de minute pana cand rosiile se inmoaie si aromele s-au topit.
d) Dacă doriți, treceți amestecul în piure într-un robot de bucătărie sau blender sau treceți-l prin discul unei mori alimentare pentru o consistență mai fină.
e) Servește salsa marinara peste paste sau folosește-o ca sos pentru pâine sau legume.

73.Marinara de roșii prăjite cu usturoi

INGREDIENTE:
- 2 lbs (aproximativ 900 g) roșii coapte, tăiate la jumătate
- 1 ceapa, tocata
- 4 catei de usturoi, tocati
- 2 linguri ulei de masline
- 1 lingurita oregano uscat
- 1 lingurita busuioc uscat
- Sare si piper dupa gust
- Frunze de busuioc proaspăt, tocate (pentru garnitură)

INSTRUCȚIUNI:

a) Preîncălziți cuptorul la 400°F (200°C). Pune roșiile tăiate pe jumătate pe o tavă de copt, cu partea tăiată în sus.
b) Stropiți cu ulei de măsline și stropiți cu usturoi tocat, ceapa tocată, oregano uscat, busuioc uscat, sare și piper.
c) Se coace la cuptor aproximativ 30-40 de minute, sau pana cand rosiile sunt caramelizate si inmuiate.
d) Scoatem din cuptor si lasam sa se raceasca putin. Transferați roșiile prăjite și usturoiul într-un blender sau robot de bucătărie și amestecați până la omogenizare.
e) Se incinge o lingura de ulei de masline intr-o cratita la foc mediu. Turnați amestecul de roșii amestecat în cratiță.
f) Fierbeți sosul timp de aproximativ 15-20 de minute, amestecând din când în când, până se îngroașă la consistența dorită.
g) Asezonați cu sare și piper, dacă este necesar.
h) Servește sosul marinara de roșii cu usturoi prăjit peste paste fierte sau folosește-l ca sos de scufundare pentru grisine. Se ornează cu frunze de busuioc proaspăt tocate înainte de servire.

74. Roșii ciuperci Marinara

INGREDIENTE:
- 2 linguri ulei de masline
- 8 oz (225 g) ciuperci, feliate
- 1 ceapa, tocata
- 4 catei de usturoi, tocati
- 28 oz (800 g) roșii zdrobite la conserva
- 1 lingurita oregano uscat
- 1 lingurita busuioc uscat
- Sare si piper dupa gust
- Pătrunjel proaspăt, tocat (pentru garnitură)

INSTRUCȚIUNI:

a) Încinge ulei de măsline într-o tigaie la foc mediu. Adaugam ciupercile taiate felii si ceapa tocata. Se calesc pana cand ciupercile devin maro auriu si ceapa se inmoaie, aproximativ 5-7 minute.

b) Adăugați usturoiul tocat în tigaie și gătiți încă 1-2 minute până când este parfumat.

c) Se toarnă roșiile zdrobite din conserva și se amestecă oregano uscat și busuioc. Se condimenteaza cu sare si piper dupa gust.

d) Fierbeți sosul timp de aproximativ 15-20 de minute, amestecând din când în când, până se îngroașă la consistența dorită.

e) Gustați și ajustați condimentele dacă este necesar.

f) Serviți sosul marinara de roșii cu ciuperci peste paste fierte. Se ornează cu pătrunjel proaspăt tocat înainte de servire.

75. Marinara de roșii cu ardei roșu

INGREDIENTE:
- 2 linguri ulei de masline
- 1 ceapa, tocata
- 4 catei de usturoi, tocati
- 28 oz (800 g) roșii zdrobite la conserva
- 1 lingurita oregano uscat
- 1 lingurita busuioc uscat
- 1/2 linguriță fulgi de ardei roșu (ajustați după gust)
- Sare si piper dupa gust
- Frunze de busuioc proaspăt, tocate (pentru garnitură)

INSTRUCȚIUNI:

a) Încinge ulei de măsline într-o cratiță la foc mediu. Adăugați ceapa tocată și usturoiul tocat. Se caleste pana cand ceapa este translucida si usturoiul este parfumat, aproximativ 5-7 minute.

b) Se toarnă roșiile zdrobite din conserva și se amestecă oregano uscat, busuioc și fulgi de ardei roșu. Se condimenteaza cu sare si piper dupa gust.

c) Fierbeți sosul timp de aproximativ 15-20 de minute, amestecând din când în când, până se îngroașă la consistența dorită.

d) Gustați și ajustați condimentele dacă este necesar.

e) Servește sosul de marinara de roșii picant peste paste fierte. Se ornează cu frunze de busuioc proaspăt tocate înainte de servire.

76. Marinara de roșii cu spanac

INGREDIENTE:
- 2 linguri ulei de masline
- 4 catei de usturoi, tocati
- 4 cesti frunze proaspete de spanac
- 28 oz (800 g) roșii zdrobite la conserva
- 1 lingurita oregano uscat
- 1 lingurita busuioc uscat
- Sare si piper dupa gust
- Parmezan proaspat ras (pentru garnitura)

INSTRUCȚIUNI:

a) Încinge ulei de măsline într-o tigaie la foc mediu. Se adauga usturoiul tocat si se caleste timp de 1-2 minute pana se parfumeaza.

b) Adăugați frunzele proaspete de spanac în tigaie și gătiți până se ofilesc, aproximativ 2-3 minute.

c) Se toarnă roșiile zdrobite din conserva și se amestecă oregano uscat și busuioc. Se condimenteaza cu sare si piper dupa gust.

d) Fierbeți sosul timp de aproximativ 15-20 de minute, amestecând din când în când, până se îngroașă la consistența dorită.

e) Gustați și ajustați condimentele dacă este necesar.

f) Serviți sosul marinara de roșii cu spanac peste paste fierte. Se ornează cu parmezan proaspăt ras înainte de servire.

SOS ARRABBIATA DE ROSII

77.Sos Arrabbiata de rosii clasic

INGREDIENTE:
- 2 linguri ulei de masline
- 4 catei de usturoi, tocati
- 1/2 linguriță fulgi de ardei roșu (ajustați după gust)
- 28 uncii roșii zdrobite la conserva
- Sare si piper dupa gust

INSTRUCȚIUNI:
a) Încinge ulei de măsline într-o cratiță la foc mediu.
b) Se adaugă usturoiul tocat și fulgii de ardei roșu, se călesc timp de 1-2 minute până se parfumează.
c) Se toarnă roșiile zdrobite și se condimentează cu sare și piper.
d) Se fierbe aproximativ 15-20 de minute până se îngroașă sosul. Ajustați condimentul dacă este necesar.
e) Serviți peste paste fierte și bucurați-vă!

78.Sos Arrabbiata de rosii prajit

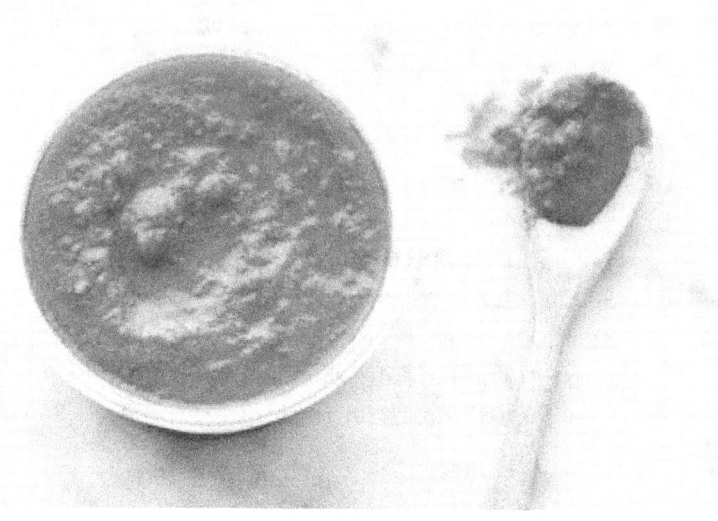

INGREDIENTE:
- 2 kg de roșii coapte, tăiate la jumătate
- 2 linguri ulei de masline
- 4 catei de usturoi, tocati
- 1/2 linguriță fulgi de ardei roșu (ajustați după gust)
- Sare si piper dupa gust

INSTRUCȚIUNI:
a) Preîncălziți cuptorul la 400°F (200°C). Pune roșiile tăiate pe jumătate pe o tavă de copt.
b) Stropiți cu ulei de măsline și asezonați cu sare și piper. Se prăjește aproximativ 30-40 de minute până când roșiile sunt moi și caramelizate.
c) Într-o cratiță, încălziți ulei de măsline la foc mediu. Se adaugă usturoiul tocat și fulgii de ardei roșu, se călesc timp de 1-2 minute.
d) Adăugați roșiile prăjite în cratiță și zdrobiți-le cu o furculiță sau un zdrobitor de cartofi.
e) Se fierbe 10-15 minute până se îngroașă sosul. Ajustați condimentul dacă este necesar.
f) Serviți peste paste și bucurați-vă de aroma bogată a roșiilor prăjite!

79.Sos picant de roșii Arrabbiata cu Pancetta

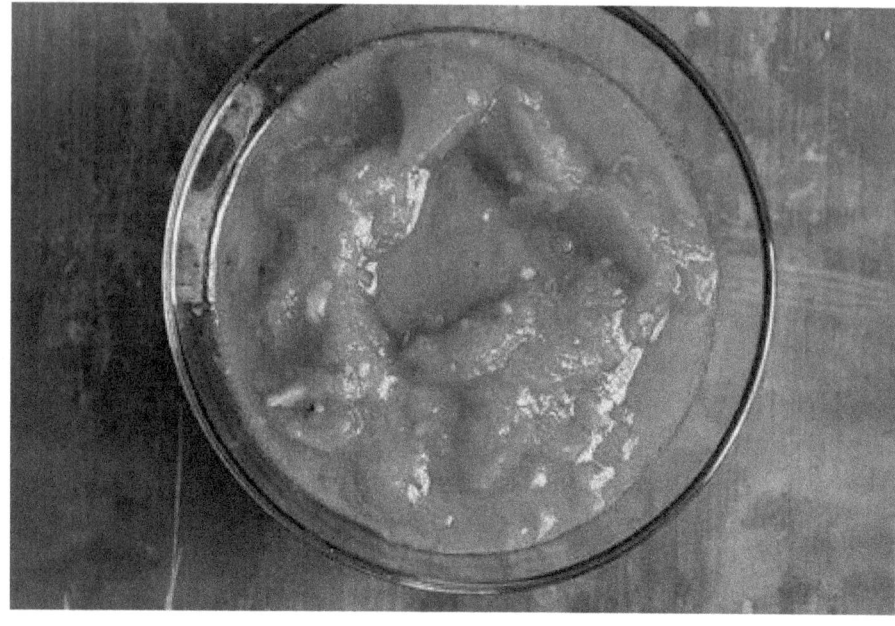

INGREDIENTE:
- 2 linguri ulei de masline
- 4 uncii pancetta, tăiată cubulețe
- 4 catei de usturoi, tocati
- 1/2 linguriță fulgi de ardei roșu (ajustați după gust)
- 28 uncii roșii zdrobite la conserva
- Sare si piper dupa gust

INSTRUCȚIUNI:
a) Încinge ulei de măsline într-o cratiță la foc mediu. Adăugați pancetta tăiată cubulețe și gătiți până devine crocantă.
b) Se adaugă usturoiul tocat și fulgii de ardei roșu, se călesc încă un minut.
c) Se toarnă roșiile zdrobite și se condimentează cu sare și piper.
d) Se fierbe aproximativ 15-20 de minute până se îngroașă sosul. Ajustați condimentul dacă este necesar.
e) Serviți peste paste pentru un fel de mâncare delicios picant și savuros!

80. Sos Arrabbiata de rosii vegan

INGREDIENTE:
- 2 linguri ulei de masline
- 4 catei de usturoi, tocati
- 1/2 linguriță fulgi de ardei roșu (ajustați după gust)
- 28 uncii roșii zdrobite la conserva
- Sare si piper dupa gust
- Frunze de busuioc proaspăt, tocate (opțional, pentru garnitură)

INSTRUCȚIUNI:
a) Încinge ulei de măsline într-o cratiță la foc mediu. Se adaugă usturoiul tocat și fulgii de ardei roșu, se călesc timp de 1-2 minute.
b) Se toarnă roșiile zdrobite și se condimentează cu sare și piper.
c) Se fierbe aproximativ 15-20 de minute până se îngroașă sosul. Ajustați condimentul dacă este necesar.
d) Servește peste paste fierte și ornează cu frunze proaspete de busuioc pentru un preparat vegan vibrant și aromat!

81. Sos cremos de roșii Arrabbiata

INGREDIENTE:
- 2 linguri ulei de masline
- 4 catei de usturoi, tocati
- 1/2 linguriță fulgi de ardei roșu (ajustați după gust)
- 28 uncii roșii zdrobite la conserva
- 1/2 cană smântână groasă
- Sare si piper dupa gust

INSTRUCȚIUNI:
a) Încinge ulei de măsline într-o cratiță la foc mediu. Se adaugă usturoiul tocat și fulgii de ardei roșu, se călesc timp de 1-2 minute.
b) Se toarnă roșiile zdrobite și se lasă la fiert.
c) Se amestecă smântâna groasă și se fierbe încă 5-10 minute până când sosul se îngroașă.
d) Se condimenteaza cu sare si piper dupa gust.
e) Serviți peste paste fierte pentru o notă bogată și cremoasă a sosului clasic Arrabbiata!

82.Sos Arrabbiata cu ardei roşu prăjit

INGREDIENTE:
- 2 linguri ulei de masline
- 1 ceapa, tocata
- 2 catei de usturoi, tocati
- 1/2 linguriță fulgi de ardei roșu (ajustați după gust)
- 2 ardei rosii copti, curatati si tocati
- 28 uncii roșii zdrobite la conserva
- Sare si piper dupa gust

INSTRUCȚIUNI:
a) Încinge ulei de măsline într-o cratiță la foc mediu. Adăugați ceapa tocată și căliți până devine translucid.
b) Se adaugă usturoiul tocat și fulgii de ardei roșu, se călesc încă un minut.
c) Se amestecă ardeii roșii prăjiți tocați și roșiile zdrobite. Aduceți la fiert.
d) Se fierbe aproximativ 15-20 de minute până se îngroașă sosul.
e) Se condimenteaza cu sare si piper dupa gust.
f) Serviți peste paste pentru o variantă aromată și ușor afumată de sos Arrabbiata!

83.Sos Arrabbiata de rosii uscate la soare

INGREDIENTE:
- 2 linguri ulei de masline
- 4 catei de usturoi, tocati
- 1/2 linguriță fulgi de ardei roșu (ajustați după gust)
- 1/2 cana rosii uscate la soare tocate (ambalate in ulei)
- 28 uncii roșii zdrobite la conserva
- Sare si piper dupa gust

INSTRUCȚIUNI:
a) Încinge ulei de măsline într-o cratiță la foc mediu. Se adaugă usturoiul tocat și fulgii de ardei roșu, se călesc timp de 1-2 minute.
b) Se amestecă roșiile uscate tocate și roșiile zdrobite din conserva. Aduceți la fiert.
c) Se fierbe aproximativ 15-20 de minute până se îngroașă sosul.
d) Se condimenteaza cu sare si piper dupa gust.
e) Serviți peste paste fierte pentru o întorsătură acidulată și savuroasă a sosului tradițional Arrabbiata!

84.Sos Arrabbiata de ciuperci

INGREDIENTE:
- 2 linguri ulei de masline
- 8 uncii de ciuperci, feliate
- 4 catei de usturoi, tocati
- 1/2 linguriță fulgi de ardei roșu (ajustați după gust)
- 28 uncii roșii zdrobite la conserva
- Sare si piper dupa gust

INSTRUCȚIUNI:
a) Încinge ulei de măsline într-o cratiță la foc mediu. Adaugati ciupercile feliate si caliti pana devin maro auriu.
b) Se adaugă usturoiul tocat și fulgii de ardei roșu, se călesc încă un minut.
c) Se amestecă roșiile zdrobite din conserva și se lasă la fiert.
d) Se fierbe aproximativ 15-20 de minute până se îngroașă sosul.
e) Se condimenteaza cu sare si piper dupa gust.
f) Serviți peste paste fierte pentru un sos Arrabbiata de ciuperci consistent și aromat!

SOS CREMA DE ROSII

85.Sos de cremă de roșii uscate la soare

INGREDIENTE:
- 2 linguri ulei de masline
- 2 catei de usturoi, tocati
- 1/2 cana rosii uscate la soare, tocate
- 1 conserve (14 uncii) de roșii tăiate cubulețe
- 1 cană smântână groasă
- Sare si piper dupa gust
- Pătrunjel proaspăt, tocat (opțional, pentru garnitură)

INSTRUCȚIUNI:

a) Încinge ulei de măsline într-o cratiță la foc mediu. Se adaugă usturoiul tocat și se călește până se parfumează.
b) Adăugați roșiile uscate la soare tocate și roșiile tăiate cubulețe. Se fierbe timp de 10 minute.
c) Se amestecă smântâna groasă și se mai fierbe încă 5 minute până se îngroașă sosul.
d) Se condimenteaza cu sare si piper dupa gust.
e) Decorați cu pătrunjel proaspăt tocat, dacă doriți.
f) Serviți peste paste fierte pentru un sos de cremă de roșii uscate la soare bogat și indulgent.

86.Sos de cremă de roșii cu vodcă

INGREDIENTE:
- 2 linguri ulei de masline
- 2 catei de usturoi, tocati
- 1 conserve (14 uncii) de roșii zdrobite
- 1/4 cană vodcă
- 1 cană smântână groasă
- Sare si piper dupa gust
- Busuioc proaspăt, tocat (opțional, pentru garnitură)

INSTRUCȚIUNI:
a) Încinge ulei de măsline într-o cratiță la foc mediu. Se adaugă usturoiul tocat și se călește până se parfumează.
b) Se toarnă roșiile zdrobite și vodca. Se fierbe timp de 10 minute.
c) Se amestecă smântâna groasă și se mai fierbe încă 5 minute până se îngroașă sosul.
d) Se condimenteaza cu sare si piper dupa gust.
e) Ornați cu busuioc proaspăt tocat, dacă doriți.
f) Serviți peste paste fierte pentru un sos luxos de cremă de roșii infuzat cu vodcă.

87.Sos de crema de rosii cu usturoi prajit

INGREDIENTE:
- 2 linguri de unt
- 4 catei de usturoi, prajiti si pasiti
- 1 conserve (14 uncii) de roșii zdrobite
- 1 cană smântână groasă
- Sare si piper dupa gust
- Cimbru proaspăt, tocat (opțional, pentru garnitură)

INSTRUCȚIUNI:
a) Într-o cratiță, topește untul la foc mediu. Adăugați usturoiul prăjit piure și prăjiți timp de 1-2 minute.
b) Se toarnă roșiile zdrobite și se fierbe timp de 5-7 minute.
c) Se amestecă smântâna groasă și se continuă să fiarbă încă 5 minute până când sosul se îngroașă ușor.
d) Se condimenteaza cu sare si piper dupa gust.
e) Decorați cu cimbru proaspăt tocat dacă doriți.
f) Serviți peste paste fierte pentru un sos de cremă de roșii cu usuroi prăjit savuros și aromat.

88. Sos cremos de roșii cherry cu parmezan

INGREDIENTE:
- 2 căni pline de roșii cherry întregi
- 2 până la 3 linguri de smântână
- 1/3 cană parmezan ras
- Sare si piper dupa gust

INSTRUCȚIUNI:
a) Se incinge o tigaie la foc mediu si se adauga rosiile cherry. Gatiti pana rosiile sunt moi si incep sa sparga. Puteți ajuta acest proces înțepenind roșiile cu o furculiță.
b) Lăsați sucul în tigaie și apoi reduceți focul.
c) Adăugați smântâna în tigaie și lăsați-o să fiarbă până se încinge.
d) Luați de pe foc și adăugați parmezanul ras, sare și piper.
e) Utilizați acest sos de cremă de roșii ca sos pentru paste sau pizza, întindeți-l peste pâine prăjită sau amestecați-l în risotto.

89.Sos de cremă de roșii cu busuioc

INGREDIENTE:
- 2 linguri ulei de masline
- 4 catei de usturoi, tocati
- 1 conserve (14 oz) de roşii tăiate cubuleţe
- 1/2 cană sos de roşii
- 1 lingurita busuioc uscat
- 1/2 cană smântână groasă
- Sare si piper dupa gust
- Frunze de busuioc proaspăt, tocate (pentru garnitură)
- Parmezan ras (pentru garnitura)

INSTRUCŢIUNI:
a) Încinge ulei de măsline într-o tigaie la foc mediu. Se adaugă usturoiul tocat şi se căleşte până se parfumează, aproximativ 1 minut.
b) Adăugaţi roşiile tăiate cubuleţe şi sosul de roşii în tigaie. Se amestecă busuiocul uscat.
c) Fierbeţi sosul aproximativ 10 minute, amestecând din când în când.
d) Se toarnă smântâna groasă şi se amestecă până se omogenizează bine. Se fierbe încă 5 minute.
e) Se condimenteaza cu sare si piper dupa gust.
f) Serviţi sosul de cremă de roşii cu busuioc peste paste fierte. Garnisiti cu frunze proaspete de busuioc tocate si parmezan ras inainte de servire.

90. Sos de cremă picant de roșii

INGREDIENTE:
- 2 linguri ulei de masline
- 4 catei de usturoi, tocati
- 1 conserve (14 oz) de roșii tăiate cubulețe
- 1/2 cană sos de roșii
- 1 lingurita oregano uscat
- 1/2 linguriță fulgi de ardei roșu (ajustați după gust)
- 1/2 cană smântână groasă
- Sare si piper dupa gust
- Pătrunjel proaspăt, tocat (pentru garnitură)

INSTRUCȚIUNI:
a) Încinge ulei de măsline într-o tigaie la foc mediu. Se adaugă usturoiul tocat și se călește până se parfumează, aproximativ 1 minut.
b) Adăugați roșiile tăiate cubulețe și sosul de roșii în tigaie. Se amestecă oregano uscat și fulgi de ardei roșu.
c) Fierbeți sosul aproximativ 10 minute, amestecând din când în când.
d) Se toarnă smântâna groasă și se amestecă până se omogenizează bine. Se fierbe încă 5 minute.
e) Se condimenteaza cu sare si piper dupa gust.
f) Serviți sosul picant de cremă de roșii peste paste fierte. Se ornează cu pătrunjel proaspăt tocat înainte de servire.

91.Sos cremă de roșii cu ciuperci

INGREDIENTE:
- 2 linguri de unt
- 8 oz (225 g) ciuperci, feliate
- 4 catei de usturoi, tocati
- 1 conserve (14 oz) de roșii tăiate cubulețe
- 1/2 cană sos de roșii
- 1/2 cană smântână groasă
- Sare si piper dupa gust
- Frunze de cimbru proaspăt, tocate (pentru garnitură)

INSTRUCȚIUNI:
a) Topiți untul într-o tigaie la foc mediu. Adaugati ciupercile feliate si caliti pana se rumenesc, aproximativ 5-7 minute.
b) Adăugați usturoiul tocat în tigaie și gătiți încă 1-2 minute.
c) Se toarnă roșiile tăiate cubulețe și sosul de roșii. Se amestecă pentru a combina.
d) Fierbeți sosul aproximativ 10 minute, amestecând din când în când.
e) Se toarnă smântâna groasă și se amestecă până se omogenizează bine. Se fierbe încă 5 minute.
f) Se condimenteaza cu sare si piper dupa gust.
g) Serviți sosul de cremă de roșii cu ciuperci peste paste fierte. Se ornează cu frunze de cimbru proaspăt tocate înainte de servire.

92.Sos de crema de rosii cu spanac

INGREDIENTE:
- 2 linguri ulei de masline
- 4 catei de usturoi, tocati
- 4 cesti frunze proaspete de spanac
- 1 conserve (14 oz) de roșii tăiate cubulețe
- 1/2 cană sos de roșii
- 1/2 cană smântână groasă
- Sare si piper dupa gust
- Parmezan ras (pentru garnitura)

INSTRUCȚIUNI:
a) Încinge ulei de măsline într-o tigaie la foc mediu. Se adaugă usturoiul tocat și se călește până se parfumează, aproximativ 1 minut.
b) Adăugați frunzele proaspete de spanac în tigaie și gătiți până se ofilesc, aproximativ 2-3 minute.
c) Se toarnă roșiile tăiate cubulețe și sosul de roșii. Se amestecă pentru a combina.
d) Fierbeți sosul aproximativ 10 minute, amestecând din când în când.
e) Se toarnă smântâna groasă și se amestecă până se omogenizează bine. Se fierbe încă 5 minute.
f) Se condimenteaza cu sare si piper dupa gust.
g) Serviți sosul de cremă de roșii cu spanac peste paste fierte. Se ornează cu parmezan ras înainte de servire.

93.Sos de cremă de roșii uscate și busuioc

INGREDIENTE:
- 1 lingura ulei de masline
- 4 catei de usturoi, tocati
- 1/4 cana rosii uscate, tocate
- 1 conserve (14 oz) de roșii tăiate cubulețe
- 1/2 cană smântână groasă
- 1 lingurita busuioc uscat
- Sare si piper dupa gust
- Frunze de busuioc proaspăt, tocate (pentru garnitură)

INSTRUCȚIUNI:
a) Încinge ulei de măsline într-o tigaie la foc mediu. Se adaugă usturoiul tocat și roșiile uscate tocate, se călesc până se parfumează.
b) Se toarnă roșiile tăiate cubulețe. Se amestecă pentru a se combina și se fierbe timp de aproximativ 10 minute.
c) Se reduce focul și se amestecă smântâna groasă și busuioc uscat. Lăsați sosul să fiarbă încă 5 minute, amestecând din când în când.
d) Se condimenteaza cu sare si piper dupa gust.
e) Serviți sosul de cremă de roșii uscate și busuioc peste paste fierte. Se ornează cu frunze de busuioc proaspăt tocate înainte de servire.

94.Sos cremă de roșii și ardei roșu prăjit

INGREDIENTE:
- 1 lingura ulei de masline
- 4 catei de usturoi, tocati
- 1/2 cană ardei roșii prăjiți, tăiați cubulețe
- 1 conserve (14 oz) de roșii tăiate cubulețe
- 1/2 cană smântână groasă
- Sare si piper dupa gust
- Pătrunjel proaspăt, tocat (pentru garnitură)

INSTRUCȚIUNI:

a) Încinge ulei de măsline într-o tigaie la foc mediu. Adăugați usturoiul tocat și ardeii roșii prăjiți tăiați cubulețe, soțiți până se parfumează.

b) Se toarnă roșiile tăiate cubulețe. Se amestecă pentru a se combina și se fierbe timp de aproximativ 10 minute.

c) Se reduce focul și se amestecă cu smântână groasă. Lăsați sosul să fiarbă încă 5 minute, amestecând din când în când.

d) Se condimenteaza cu sare si piper dupa gust.

e) Serviți sosul de cremă de roșii și ardei roșu prăjit peste paste fierte. Se ornează cu pătrunjel proaspăt tocat înainte de servire.

95.Sos de cremă de roșii și brânză de capră

INGREDIENTE:
- 1 lingura ulei de masline
- 4 catei de usturoi, tocati
- 4 oz (113 g) brânză de capră
- 1 conserve (14 oz) de roșii tăiate cubulețe
- 1/2 cană smântână groasă
- Sare si piper dupa gust
- Frunze de cimbru proaspăt, tocate (pentru garnitură)

INSTRUCȚIUNI:
a) Încinge ulei de măsline într-o tigaie la foc mediu. Se adaugă usturoiul tocat și se călește până se parfumează.
b) Adăugați brânză de capră în tigaie și amestecați până se topește.
c) Se toarnă roșiile tăiate cubulețe. Se amestecă pentru a se combina și se fierbe timp de aproximativ 10 minute.
d) Se reduce focul și se amestecă cu smântână groasă. Lăsați sosul să fiarbă încă 5 minute, amestecând din când în când.
e) Se condimenteaza cu sare si piper dupa gust.
f) Serviți sosul de cremă de roșii și brânză de capră peste paste fierte. Se ornează cu frunze de cimbru proaspăt tocate înainte de servire.

96.Sos de smântână de roșii și gorgonzola

INGREDIENTE:
- 1 lingura ulei de masline
- 4 catei de usturoi, tocati
- 4 oz (113 g) brânză Gorgonzola
- 1 conserve (14 oz) de roșii tăiate cubulețe
- 1/2 cană smântână groasă
- Sare si piper dupa gust
- Pătrunjel proaspăt, tocat (pentru garnitură)

INSTRUCȚIUNI:
a) Încinge ulei de măsline într-o tigaie la foc mediu. Se adaugă usturoiul tocat și se călește până se parfumează.
b) Adăugați brânza Gorgonzola în tigaie și amestecați până se topește.
c) Se toarnă roșiile tăiate cubulețe. Se amestecă pentru a se combina și se fierbe timp de aproximativ 10 minute.
d) Se reduce focul și se amestecă cu smântână groasă. Lăsați sosul să fiarbă încă 5 minute, amestecând din când în când.
e) Se condimenteaza cu sare si piper dupa gust.
f) Serviți sosul de roșii și cremă Gorgonzola peste paste fierte. Se ornează cu pătrunjel proaspăt tocat înainte de servire.

97.Sos de crema de rosii Bacon

INGREDIENTE:
- 4 felii de bacon, tocate
- 2 linguri de unt
- 4 catei de usturoi, tocati
- 1 conserve (14 oz) de roșii tăiate cubulețe
- 1/2 cană sos de roșii
- 1/2 cană smântână groasă
- Sare si piper dupa gust
- Pătrunjel proaspăt, tocat (pentru garnitură)

INSTRUCȚIUNI:
a) Într-o tigaie, gătiți baconul tocat la foc mediu până devine crocant. Scoateți slănina din tigaie și lăsați-o deoparte, lăsând grăsimea topită în tigaie.
b) Adăugați untul în tigaia cu grăsimea de bacon topită. După ce s-a topit, se adaugă usturoiul tocat și se călește până se parfumează.
c) Se toarnă roșiile tăiate cubulețe și sosul de roșii. Se amestecă pentru a combina.
d) Fierbeți sosul aproximativ 10 minute, amestecând din când în când.
e) Se toarnă smântâna groasă și se amestecă până se omogenizează bine. Se fierbe încă 5 minute.
f) Se condimenteaza cu sare si piper dupa gust.
g) Serviți sosul de cremă de roșii cu bacon peste paste fierte. Garnisiti cu patrunjel proaspat tocat si bacon crocant inainte de servire.

98.Sos de cremă de roșii cu ierburi

INGREDIENTE:

- 2 linguri ulei de masline
- 4 catei de usturoi, tocati
- 1 conserve (14 oz) de roșii tăiate cubulețe
- 1/2 cană sos de roșii
- 1 lingurita de cimbru uscat
- 1 lingurita rozmarin uscat
- 1/2 cană smântână groasă
- Sare si piper dupa gust
- Frunze de busuioc proaspăt, tocate (pentru garnitură)

INSTRUCȚIUNI:

a) Încinge ulei de măsline într-o tigaie la foc mediu. Se adaugă usturoiul tocat și se călește până se parfumează, aproximativ 1 minut.

b) Adăugați roșiile tăiate cubulețe și sosul de roșii în tigaie. Se amestecă cimbrul uscat și rozmarinul.

c) Fierbeți sosul aproximativ 10 minute, amestecând din când în când.

d) Se toarnă smântâna groasă și se amestecă până se omogenizează bine. Se fierbe încă 5 minute.

e) Se condimenteaza cu sare si piper dupa gust.

f) Servește sosul de cremă de roșii cu ierburi peste paste fierte. Se ornează cu frunze de busuioc proaspăt tocate înainte de servire.

99.Sos de creveți de roșii

INGREDIENTE:
- 1 lingura ulei de masline
- 1 lb (450 g) de creveți, decojiți și devenați
- Sare si piper dupa gust
- 2 linguri de unt
- 4 catei de usturoi, tocati
- 1 conserve (14 oz) de roșii tăiate cubulețe
- 1/2 cană sos de roșii
- 1/2 cană smântână groasă
- Pătrunjel proaspăt, tocat (pentru garnitură)

INSTRUCȚIUNI:
a) Încinge ulei de măsline într-o tigaie la foc mediu. Asezonați creveții cu sare și piper, apoi adăugați-i în tigaie. Gatiti pana devine roz si opac, aproximativ 2-3 minute pe fiecare parte. Scoateți creveții din tigaie și lăsați deoparte.
b) În aceeași tigaie, topiți untul. Se adaugă usturoiul tocat și se călește până se parfumează, aproximativ 1 minut.
c) Se toarnă roșiile tăiate cubulețe și sosul de roșii. Se amestecă pentru a combina.
d) Fierbeți sosul aproximativ 10 minute, amestecând din când în când.
e) Se toarnă smântâna groasă și se amestecă până se omogenizează bine. Se fierbe încă 5 minute.
f) Întoarceți creveții gătiți în tigaie și amestecați-i în sos.
g) Serviți sosul de creveți de roșii peste paste fierte. Se ornează cu pătrunjel proaspăt tocat înainte de servire.

100.Cremă de roșii și spanac Alfredo

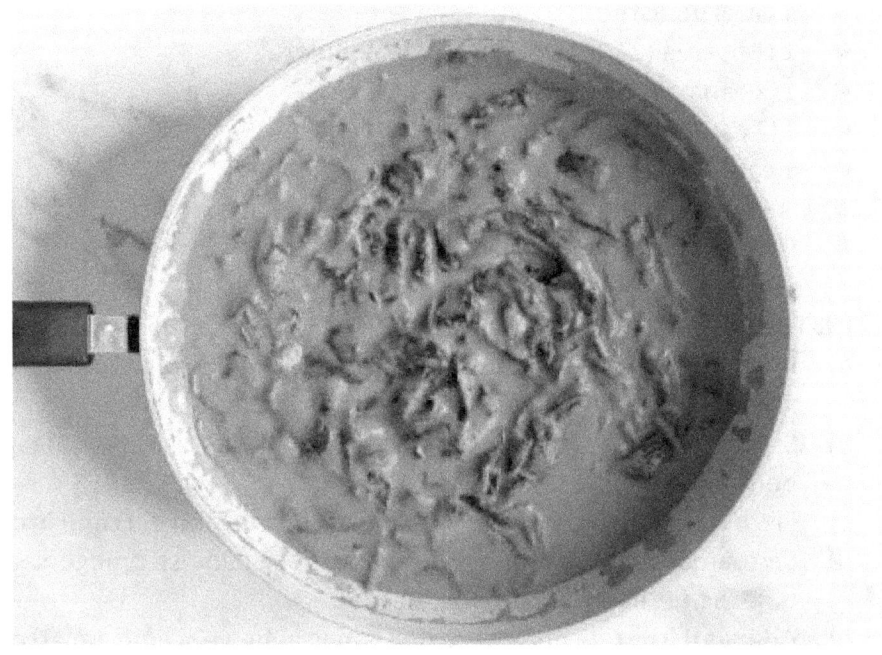

INGREDIENTE:
- 2 linguri de unt
- 4 catei de usturoi, tocati
- 1 conserve (14 oz) de roșii tăiate cubulețe
- 1/2 cană sos de roșii
- 1/2 cană smântână groasă
- 1 cană frunze proaspete de spanac
- Sare si piper dupa gust
- Parmezan ras (pentru garnitura)

INSTRUCȚIUNI:
a) Într-o tigaie, topește untul la foc mediu. Se adaugă usturoiul tocat și se călește până se parfumează, aproximativ 1 minut.
b) Se toarnă roșiile tăiate cubulețe și sosul de roșii. Se amestecă pentru a combina.
c) Fierbeți sosul aproximativ 10 minute, amestecând din când în când.
d) Se toarnă smântâna groasă și se amestecă până se omogenizează bine. Se fierbe încă 5 minute.
e) Adăugați frunzele proaspete de spanac în tigaie și amestecați până se ofilesc.
f) Se condimenteaza cu sare si piper dupa gust.
g) Serviți sosul Alfredo cremos de roșii și spanac peste paste fierte. Se ornează cu parmezan ras înainte de servire.

CONCLUZIE

În timp ce ne luăm rămas bun de la „Cartea de bucate pentru sosul de roșii esențial", o facem cu inimile pline de recunoștință pentru aromele savurate, amintirile create și aventurile culinare împărtășite pe parcurs. Prin 100 de creații savuroase care au celebrat versatilitatea și deliciul sosului de roșii, ne-am îmbarcat într-o călătorie a aromei, confortului și creativității culinare, explorând posibilitățile nesfârșite ale acestui ingredient umil, dar extraordinar.

Dar călătoria noastră nu se termină aici. Pe măsură ce ne întoarcem în bucătăriile noastre, înarmați cu inspirație și apreciere nouă pentru sosul de roșii, să continuăm să experimentăm, să inovăm și să creăm. Fie că gătim pentru noi înșine, pentru cei dragi sau pentru oaspeți, rețetele din această carte de bucate să servească drept sursă de bucurie și satisfacție pentru anii următori.

Și în timp ce savurăm fiecare înghițitură delicioasă de bunătate infuzată cu sos de roșii, să ne amintim de plăcerile simple ale mâncării bune, companiei bune și bucuria de a găti. Vă mulțumim că v-ați alăturat nouă în această călătorie aromată prin lumea sosului de roșii. Fie ca bucătăria ta să fie mereu plină de aroma bogată a roșiilor fierte și fie ca fiecare fel de mâncare creată să fie o sărbătoare a aromei, tradiției și excelenței culinare.

www.ingramcontent.com/pod-product-compliance
Lightning Source LLC
Chambersburg PA
CBHW070417120526
44590CB00014B/1424